여보세요, 생태계 씨!
안녕하신가요?

# 여보세요, 생태계 씨! 안녕하신가요?
– 동물들이 말하는 생명과 지구 환경 이야기

2014년 11월 10일 처음 찍음 | 2020년 12월 20일 다섯 번 찍음

**글쓴이** 윤소영 | **그린이** 이유정 | **펴낸곳** 도서출판 낮은산 | **펴낸이** 정광호 | **편집** 강설애 | **디자인** 하늘·민 | **제작** 정호영 | **영업** 윤병일
**출판 등록** 2000년 7월 19일 제10-2015호
**주소** 04048 서울시 마포구 어울마당로5길 16 반석빌딩 3층
**전화** 02-335-7365(편집), 02-335-7362(영업) | **팩스** 02-335-7380
**홈페이지** www.littlemt.com | **이메일** littlemt2001ch@gmail.com | **트위터** @littlemt2001hr
**제판·인쇄·제본** 상지사 P&B

ⓒ 윤소영, 이유정 2014

ISBN 979-11-5525-025-9 73490

이 도서의 국립중앙도서관 출판예정도서목록(CIP)은 서지정보유통지원시스템 홈페이지(http://seoji.nl.go.kr)와
국가자료공동목록시스템(http://www.nl.go.kr/kolisnet)에서 이용하실 수 있습니다. (CIP제어번호 : CIP2014030574)

* 잘못 만들어진 책은 바꾸어 드립니다. * 책값은 뒤표지에 표시되어 있습니다.
* 이 책 내용의 일부 또는 전부를 재사용하려면 반드시 저작권자와 도서출판 낮은산 양측의 동의를 받아야 합니다.

* 일러두기 – 책에 나오는 각 동물의 서식지는 이야기 속 동물이 사는 곳에 국한하였습니다.

동물들이 말하는 생명과 지구 환경 이야기

# 여보세요, 생태계 씨! 안녕하신가요?

윤소영 씀 | 이유정 그림

낮은산

 추천사

# 생태계가 안녕해야 우리도 안녕할 수 있어요

지구에는 많은 종류의 동물들이 살고 있습니다. 하지만 여태 지구에 살았던 동물의 수에 비하면 그야말로 '새 발의 피'죠. 아주 적은 수라는 뜻입니다. 훨씬 많은 동물이 '멸종'했지요. 멸종이라고 하면 왠지 두렵게 들리죠? 하지만 멸종은 나쁜 게 아니에요. 어떤 동물이 사라지면 새로운 동물들이 나타나서 그 자리를 다른 동물이 채우니까요. 예전에 살던 그 많은 동물들이 지금 함께 살고 있다면 지구가 얼마나 복잡하겠어요? 생태계는 유지될 수 없을 거예요.

그뿐만 아니라 수많은 멸종 때문에 우리 인류도 탄생했어요. 거대한 공룡들이 지구를 누빈다면 우리 인간이 어디서 살 수 있겠어요? 우리가 아무리 공룡을 좋아한다고 해도 공룡과 함께 살 수는 없는 거예요.

하지만 인류가 출현하여 농사를 짓기 시작한 뒤 지금으로부터 약 200년 전부터 급격하게 동물들이 사라지고 있다는 것은 분명한 사실이에요. 어떤 동물이 사라지면 그 자리를 다른 동물이 채워야 하는데, 그러지 못한 채로 계속해서 사라지기만 하고 있는 거죠. 그 자리를 다른 동물이 아니라 오로지 사람이 채우고 있는 셈이에요.

여기에서 비극이 시작돼요.

문제는, 인류가 아직 그것을 깨닫고 있지 못하다는 거예요. 책으로 많이 읽고 텔레비전 다큐멘터리에서도 많이 봐서 잘 알고는 있지만, 머리로만 이해하는 것 같

아서 안타까워요. 행동으로 옮기려면 가슴으로 느껴야 하는데 그 점이 턱없이 부족하지요.

그래서일까요? 이 책을 쓴 윤소영 선생님은 동물들의 입장에서 동물 각각의 사연과 우리가 처한 현실을 말해 주고 있어요. 책에 나오는 열여덟 종류의 동물들과 눈을 마주치며 그들의 손을 잡고 그들의 얘기에 귀 기울여 보세요. 가슴에서 어떤 울림이 있을 거예요.

우리는 동물 멸종의 비극을 끝내야만 해요. 동물들이 불쌍해서가 아니에요. 바로 우리 인류의 문제이기 때문이죠. 이 비극의 끝은 어디일까요? 놀랍게도 인류의 멸종이에요. 지구 자연의 역사는 분명히 말하고 있어요. "지난 다섯 차례의 대멸종 때 최고 포식자는 살아남지 못했다."라고요. 지구 생태계의 먹이 사슬에서 꼭대기를 차지하고 있는 최고 포식자는 누구일까요? 맞아요. 바로 인간이에요. 따라서 생태계의 안녕을 묻는 일은 우리의 안녕을 묻는 일과도 같답니다.

이 책을 다 읽고 나면 여러분이 마지막 한 장을 채워 보세요. 우리가 열아홉 번째 동물이 되어서 우리의 사연을 다른 동물들에게, 그리고 인류와 생태계 씨에게 이야기해 주는 거예요. 우리에게도 다른 동물들 못지않은 가슴 아픈 사연이 있을 테니까요.

이정모 국립과천과학관장

 들어가는 글

## 생명의 마법을 만나 보세요!

　호랑이가 담배를 피거나 익룡이 끼룩거린 시절은 아니지만, 꽤 오래전 어느 날이었어요. 어린 나는 육촌 언니 손을 꼭 붙들고 시외버스에서 내렸어요. 언니네 집, 그러니까 우리 당고모 댁은 경기도의 한적한 농촌 마을에 있었고, 방학이면 나는 당고모 댁에 가서 언니 오빠들과 어울려 산으로 들로 쏘다니며 며칠 동안 실컷 놀다 오곤 했지요. 그날도 당고모 댁에 가는 길이었어요.

　언니 손을 잡고 버스에서 내리자 푸른빛을 머금은 어둠이 밀려들기 시작했어요. 다른 때보다 조금 늦게 도착한 거예요. 전기가 들어오지 않아 가로등 하나 없는 길을 걷자니, 머리털이 쭈뼛거리고 등골이 서늘했지요. 언니도 말은 않지만 무서워하는 것 같았어요.

　그때 우리 눈앞에 빛의 마법이 펼쳐지기 시작했어요. 하나씩 둘씩 작은 등불을 단 요정들이 나타난 거예요.

　"반딧불이야!" 언니가 가르쳐 주었어요.

　"별들이 땅으로 내려온 것 같아." 내가 말했지요. 무섬증이 가셨어요.

　나중에 반딧불이의 생김새가 무당벌레나 비단벌레, 사슴벌레, 장수하늘소 같은 다른 딱정벌레들만큼 예쁘거나 멋지지 않다는 것을 알게 된 뒤에도, 반딧불이의 빛은 성충으로서의 짧은 생애를 마치기 전에 짝을 찾으려고 보내는 간절한 신호라는 것을 알게 된 뒤에도, 그때 나를 찾아온 마법은 힘을 잃지 않았답니다. 오히려 생명에 관해서 더 많은 지식과 해답을 얻고 새로운 질문, 새로운 마법을 찾도

록 하는 힘이 되었지요.

여러분은 언제 그런 마법을 만나 보았나요?

다친 참새를 가만히 들어 올리다가 따뜻한 체온과 보드라운 솜털을 느낀 순간일 수도 있고, 산길에서 만난 제비나비가 길을 안내하듯이 앞에서 팔랑거리는 순간일 수도 있지요. 기린의 기다란 속눈썹에 가려진 눈망울과 마주친 순간이나 고양이가 까끌까끌한 혓바닥으로 손을 핥는 순간일 수도 있고요. 개가 처음으로 내 말을 알아들은 순간일 수도, 손가락에 닿은 잠자리 날개가 파드득하는 순간일 수도 있겠지요. 뱀의 차가운 살갗에 피부가 닿은 순간, 파란 코끼리를 꿈꾼 순간 등 무궁무진한 순간이 있을 거예요.

어떤 과학자는 말했어요. 사람에게는 생명을 사랑할 수밖에 없는 본능이 있다고. 사람은 또 다른 사람에게 기대어 살아갈 수 밖에 없으니 너무 당연한 말 아니야, 하고 생각할 수도 있어요. 하지만 그 과학자가 말한 생명은 사람만이 아닌 지구 상의 모든 생명이지요. 우리에게 정말 그런 본능이 있을까요?

여러분이 이 책에 등장하는 동물들의 이야기를 듣고, 그들이 되어 보고, 그들을 사랑하게 되는 마법의 순간을 만날 수 있다면 정말 좋겠습니다. 그리고 이 책에 담긴 작은 지식이 씨앗이 되어 더 큰 지식으로 나아갈 수 있기를 소망합니다.

2014년 11월 윤소영

차례

첫 번째 이야기
## 우리는 이렇게 살아 —동물의 행동과 생활

우리가 나누는 사랑의 인사 — 보노보 이야기 · 12
노랫소리가 들리니 — 대왕고래 이야기 · 21
새엄마가 생겼어 — 침팬지 이야기 · 30
소리로 말하고 빛으로 말하고 — 고등어 이야기 · 39
우리는 평화를 사랑해 — 서부로랜드고릴라 이야기 · 48
기적을 만드는 작은 날개 — 모나크나비 이야기 · 57

### 두 번째 이야기
# 우리 친구를 소개할게 —동물을 사랑하고 연구한 사람들

**40년의 사랑을 지켜 온 과학자** — 지렁이와 찰스 다윈 이야기 · 68

**친구가 된 사냥꾼** — 멕시코늑대와 어니스트 시턴 이야기 · 77

**소녀, 쥐라기의 시간을 캐다** — 어룡 화석과 메리 애닝 이야기 · 86

**고릴라가 된 여자** — 마운틴고릴라와 다이앤 포시 이야기 · 95

**유배지에서 만난 선비** — 백상아리와 정약전 이야기 · 104

**기러기 엄마가 된 사나이** — 회색기러기와 콘라트 로렌츠 이야기 · 113

### 세 번째 이야기
# 함께 살자, 행복하게! —지구 환경과 생태계

**생명의 그물을 건강하게** — 베달리아무당벌레와 농약 이야기 · 124

**우리가 얼마나 깨끗한 곳에서 왔는지** — 가창오리와 조류인플루엔자 이야기 · 132

**바다 얼음 위를 걸을 수 있도록** — 북극곰과 지구 온난화 이야기 · 141

**모두를 위협하는 제8의 대륙** — 대모와 해양 오염 이야기 · 150

**우리 똥으로 나무를 덜 벨 수 있다면** — 코끼리와 종이 이야기 · 159

**상상력이 필요해** — 고양이와 원자력 발전소 이야기 · 168

첫 번째 이야기
# 우리는 이렇게 살아
― 동물의 행동과 생활

# 우리가 나누는 사랑의 인사

보노보 이야기

    엄마 젖을 떼고 오래지 않은 어느 날 아침이었어. 나뭇잎에 부서지는 투명한 아침 햇살에 기분 좋게 잠에서 깨어난 나는 늘어진 덩굴을 타고 묘기를 부리듯 빙글빙글 돌면서 땅으로 내려왔지. 근처 나무에서도 친구들이 주르륵 나뭇가지로 미끄럼을 타며 내려왔어. "꺅꺅!" 소리를 지르면서 친구들을 껴안고 아침 인사를 하는 동안 어른들도 하나둘 잠자리에서 일어나는 소리가 들렸지.

바람 한 점 없는 맑은 날이었어. 나는 엄마 옆에 붙었다 떨어졌다 하면서 잘 익은 과일을 찾아 나무와 나무 사이를 돌아다녔어. 연한 나뭇잎을 따서 먹기도 했지. 시시때때로 툭툭 치고 달아나고 쫓아다니면서 친구들과 장난을 쳤어.

갑자기 목이 말랐어. 아침부터 너무 많이 움직였나 봐. 난 물을 마시려고 웅덩이를 찾아갔지. 그러고는 웅덩이 위로 얼굴을 숙였어. 그 순간, 물속에서 조그만 얼굴이 떠오르는 게 보였어.

"앗, 저게 뭐야!"

납작한 검은 얼굴에 분홍색 입술, 넓은 콧구멍, 이마와 뺨을 가로지르는 주름, 가운데 가르마가 나 있는 길고 검은 머리털……. 분명 어린 보노보였어!

나는 깜짝 놀라서 꺅꺅거리면서 뒷걸음질을 쳤어. 그런데 가만히 생각해 보니 물속 보노보는 그렇게 무서운 얼굴이 아니더라고. 아무 소리도 내지 않는 게 좀 수상쩍기는 했지만, 난 다시 살금살금 웅덩이 쪽으로 다가갔어. 물속에서 어린 보노보가 다시 나타났어. 살짝 겁을 먹은 얼굴이었어.

난 용기를 냈어. 입술을 한껏 위로 올리면서 이빨을 보여 줬지. 그랬더니 물속 보노보도 똑같이 이빨을 보여 주는 거야. 입술을 모아서 "우우" 하고 작은 소리를 내자 물속 보노보도 똑같이 입술을 오므렸어. 가만히 입을 다물었더니 이번에도 똑같이 따라 했지.

'이건 뭐지?'

어린 나는 너무 혼란스러웠어. 어쩔 줄 몰라서 목마름도 잊고 엄마가 있는 곳으로 달려갔지. 한시라도 빨리 위로받고 싶다는 마음뿐이었어.

"엄마, 엄마!"

소리를 지르며 달려가자 엄마는 날 꼭 끌어안았어. 앗, 엄마 손에 아주 특별한 게 있었어. 날다람쥐 고기! 엄마가 사냥에 성공을 한 모양이야.

"가끔 고기를 먹는 것도 좋아."

엄마는 이렇게 말하면서 날다람쥐 고기를 내게 나눠 주었어. 고기를 다 먹고 나서 엄마는 나를 안고 과일나무 위로 올라갔어. 맛있는 무화과로 입가심을 했더니 마음이 한결 편안해졌어.

고개를 드니 어느새 하늘 높이 떠오른 해가 눈을 찔렀어. 낮잠 시간이 된 거야. 웅덩이에 나타난 보노보를 생각하면 마음 한구석에 까끌까끌한 모래가 깔려 있는 것처럼 불편했지만, 배가 불러서였을까? 난 엄마 몸에 기댄 채 금세 잠에 빠졌어.

단잠을 자고 나면 잊어버리는 게 많아. 하지만 그날 본 물속 보노보의 얼굴은 계속 생각이 났어. 난 심심하면 웅덩이를 찾아갔지. 친구들에게도 물속 보노보를 보여 주고 싶었지만, 다들 관심이 없는 것 같아서 그만두었어.

신기하게도 물속 보노보의 모습은 매일 조금씩 달라졌어. 어떤 날은 좀 더 선명하게 보이고 어떤 날은 조금 흐릿하게 보였지. 보이지 않을 때도 있었어. 그러던 어느 날 난 웅덩이 앞에서 고개를 절레절레 흔들었어.

'말도 안 돼!'

한순간 정말 말도 안 되는 생각이 떠오른 거야. 물속 보노보가 나일지도 모른다는 생각이! 하지만 생각하면 할수록 그럴 듯했어. 나는 물속 보노보를 한참 쳐다보다가 씩 웃었어. 그러고는 똑같이 웃는 나를 향해 손을 내밀었지. 물속의 나도 똑같이 손을 내밀더니 바로 다음 순간 물결에 흔들리며 사라져 버렸어.

물속 보노보가 나라는 생각을 해 내기까지 꽤 긴 시간이 걸렸지만, 난 결국 알아냈지. 그 보노보가 나라는 것을. 나는 요즘도 물에 비친 나를 보면서 가끔 이렇게 묻곤 해.

"너는 누구냐?"

한때 사람들은 우리 보노보를 작은 침팬지 종류라고 생각했어. 그래서

'난쟁이'라는 뜻의 피그미라는 말을 붙여서 '피그미침팬지'라고 불렀지. 하지만 우리는 피그미도 아니고 침팬지도 아니야.

우선 피그미가 아닌 이유! 머리부터 꽁무니까지의 길이는 침팬지가 우리보다 길지만, 다리는 우리가 더 길어서 두 발로 딛고 서면 키가 거의 비슷하다는 거야. 우리는 몸매가 호리호리하고 침팬지는 다부져서 침팬지의 몸무게가 더 많이 나가기는 하지만, 그렇다고 우리를 피그미라고 부를 정도는 아니지.

그럼 침팬지가 아닌 이유는? 우리 보노보와 침팬지에게는 아주 오래전 아프리카에 살던 같은 조상이 있었어. 그런데 수백만 년 전 아프리카 대륙에 커다란 강이 생겨나면서 조상들은 서로 떨어져 살게 되었지. 그 뒤로 아주 긴 세월 동안 만나지 못하고 따로따로 살다 보니, 예전처럼 서로 짝짓기를 해서 새끼를 낳을 수 없게 되었어. 서로 다른 종이 된 거야.

언뜻 보면 우리 보노보와 침팬지는 아주 비슷하게 생겼지. 하지만 자세히 보면 둘은 얼굴도 다르고 몸도 다르고 털도 달라. 하지만 가장 많이 다른 것은 행동이야. 어떤 무리를 이루고 사는가도 크게 다르지.

침팬지의 무리는 으뜸 수컷을 중심으로 여러 수컷과 암컷, 어린것들이 한 무리를 이루고 있어. 침팬지, 특히 수컷들은 무리 내에서 지위가 누가 높고 누가 낮은지 끊임없이 신경을 쓰고 확인하려고 해. 그러다 보니 싸움도 자주 일어나지.

침팬지 무리의 으뜸 수컷은 시시때때로 버럭 소리를 지르면서 몸을 활처럼 구부리고 털을 세운 채 무서운 표정으로 다른 수컷들을 위협해. 그러면 다른 수컷들은 즉시 복종하는 몸짓을 하면서 뒤로 물러나야 해. 으뜸 수컷 뒤를 쫓아다니면서 털 고르기를 하거나 비위를 맞추기도 하지. 그러면서도 다른 수컷들은 기회만 있으면 으뜸 수컷의 자리를 빼앗으려고 해. 그러다가 피비린내 나는 싸움이 벌어지곤 하는 거야.

우리 보노보는 달라. 암컷들이 서로 힘을 합쳐서 수컷들이 암컷을 지배하지 못하게 하기 때문이지. 서열이 없는 건 아니지만, 누가 높고 누가 낮은지 분명치 않을 때도 많아. 가장 중요한 건 침팬지들처럼 자꾸 싸움을 벌이지 않고 문제가 생겨도 평화롭게 마무리한다는 거야. 이렇게 평화를 유지하는 비결은 틈만 나면 서로서로 껴안아 주고 '사랑의 인사'를 나누는 데에 있지.

우리가 나누는 사랑의 인사를 부끄러운 짓이라고 생각하는 사람들도 있어. 부모 자식 사이는 물론, 암컷과 수컷, 암컷과 암컷, 또는 수컷과 수컷이 짝짓기를 하는 것 같은 행동을 자주 하기 때문이야. 하지만 보노보에게 이런 행동은 대부분 간단한 인사일 뿐이야.

우린 오랜만에 친구를 만나거나 상대방에게 바라는 게 있을 때 이런 인사를 해. 곧 싸움이 일어날 것 같은 상황에서도 서로 몸을 맞대고 접촉을 하면 마음이 편안해지거든. 심지어는 서로 다른 무리를 갑자기 만났을 때에도 긴장을 풀기 위해 사랑의 인사를 나눠. 이런 방법으로 상대를 아프게 하거나 다치게 하지 않고 갈등을 해소하는 거야. 우리가 하는 사랑의 인사는 사람들이 하는 악수나 포옹과 같은 거라고 할 수 있지.

우리는 먹이 앞에서도 서로 더 많이 먹겠다고 싸우지 않고 사이좋게 나누어 먹어. 맛있는 먹이는 나만 먹고 싶은 게 아니라 모두 먹고 싶어 한다는 것을 알기 때문이야. 맛있는 과일이 많이 열린 나무를 발견하면 소리를 질러서 다른 보노보들을 부르는 것도 같은 이유 때문이지.

한 친구가 다른 친구에게 공격을 받으면 언제나 공격받은 친구를 껴안고 위로해 주는 것도 우리 보노보만의 자랑거리라고 할 수 있어. 그래서 우리를 잘 아는 사람들은 우리를 가리켜 '이타심과 동정심, 참을성이 있으며 공감할 줄 아는 친절한 유인원'이라고 해. 후후후, 정말 맞는 말 같아.

## 말하는 보노보, 칸지

보노보, 침팬지, 고릴라, 오랑우탄 같은 대형 유인원은 높은 지능을 갖고 있어요. 거울에 비친 자신의 모습을 알아볼 수 있을 정도지요. 그중에서도 보노보는 동료의 죽음을 슬퍼하는 행동으로 사람들에게 놀라움을 안겨 주었어요.

미국에는 '칸지'라는 이름의 유명한 수컷 보노보가 살고 있어요. 영장류 동물학자 수 새비지 럼보는 칸지에게 말을 가르쳐서, "고릴라 인형을 감추세요.", "나는 포도를 먹고 싶어요."와 같은 말들을 하게 했어요. 물론 입으로 하는 말을 가르친 것이 아니라, 그림문자들을 가리키는 방식으로 말하는 법을 가르쳤지요. 보노보는 상대방의 기분을 헤아리는 공감 능력이 특히 발달해서, 사람들과 같이 지내는 동안 많은 것들을 배울 수 있어요.

야생 보노보가 사는 곳은 콩고민주공화국의 숲 속이에요. 그곳 사람들은 보노보와 달리 그리 평화롭게 살지 못했어요. 내전이 일어나서 보노보의 서식지가 파괴되었고 가난한 사람들은 고기를 얻으려고 밀렵을 해야 했지요. 그 결과 보노보는 멸종 위기에 놓여 있답니다.

아프리카 중부 콩고민주공화국

# 노랫소리가 들리니

대왕고래 이야기

우우웅 우우 우우웅…….

조용히 귀 기울이면 그 소리가 들릴지도 몰라. 아득한 옛날에서 들려오는 것 같은 소리, 검푸른 바다를 지나 지구 반대편에라도 닿을 듯 빠르게, 하지만 나지막이 울려 퍼지는 그 소리, 우리 종족의 울음소리 말이야.

나는 울음을 울고 있었어. 아니 노래를 부르고 있었어. 내 곁에는 아무도 없었지. 하지만 난 알고 있었어, 이제 곧 둘이 되리라는 것을. '일 년 동안 소중하게 품었던 아기를 만날 때가 온 거야.' 본능은 내게 그렇게 속삭이고 있었어.

나는 꼬리지느러미를 위아래로 움직이면서 때를 기다렸어. 배 뒤쪽에서는 여전히 묵직한 아픔이 느껴졌어. 위로 아래로 다시 위로 아래로, 일순간 내 몸에서 무언가가 쑤욱 빠져나가기 시작하는 게 느껴졌어. 눈에는 아무것도 보이지 않았어. 하지만 잠시 뒤 아픔이 씻은 듯 사라지면서 안도감이 들었지.

'이제 끝났구나.'

내가 녀석을 처음 만난 것은 소리를 통해서였어. 내 노랫소리가 녀석의 몸에 부딪혀 다시 돌아오더니, 녀석의 노랫소리가 들리기 시작했어. 나는 아기를 향해 노래 부르고, 아기는 나를 향해 노래를 불렀지. 그 짧은 순간의 노랫소리로 우리는 서로를 깊이 알았어.

"엄마! 엄마예요?"

"귀여운 녀석! 바로 너로구나."

잠시 후 파닥파닥 꼬리를 흔들면서 내 옆구리를 지나쳐서 헤엄쳐 나아가는 어린것의 모습이 눈에 들어왔어. 팔랑팔랑 날갯짓하듯, 나풀나풀 춤을 추듯 흔들리는 노랫소리가 마음에 들어왔어.

따뜻한 몸속에 있다가 갑자기 바닷물에 던져졌으니 얼마나 놀랐을까! 바닷물은 그렇게 차지 않았지만, 갓 태어난 아기 고래한테는 차갑게 느껴졌을 거야. 여름 내내 극지방의 차가운 바다에서 지내다가 적도 근처의 따뜻한 바다를 찾아온 건 아기를 위해서였어. 갓 태어난 아기 고래는 지방층이 얇아서 추운 바다에서는 살 수 없거든.

갑자기 물속 세상에 나온 아기는 어쩔 줄 모르겠다는 몸짓으로 무조건 헤엄을 치기 시작했어. 나는 천천히 아기 옆으로 다가갔어.

'어쩌면 이렇게 아빠를 쏙 빼닮았을까?'

녀석은 모양도, 색깔도 작년에 만났던 아기 아빠와 똑같았어. 부모의 모습이나 색깔과 다른 고래도 많지만, 우리 대왕고래는 태어나자마자 엄마 아빠와 똑같은 모습이거든. 다만 몸집이 훨씬 더 작을 뿐이지.

몸은 날씬한 유선형이야. 등은 잿빛이 도는 푸른색인데 밝은 회색의 작은 점들이 얼룩얼룩하고 배는 하얀색이지. 작고 뾰족한 등지느러미 하나가 등 뒤쪽에 붙어 있고, 가슴 양쪽에는 길고 뾰족한 지느러미가 붙어 있어. 아래턱에서 배꼽이 있는 곳까지는 수십 개의 주름이 길게 패어 있지.

나는 아기가 놀라지 않도록 끊임없이 노래를 부르면서 옆에서 헤엄을 쳤어. 그리고 노랫소리로 아기를 수면으로 인도했어. 나도 아기도 숨을 쉬어야 하니까.

우리 종족은 바다에서 태어나 바다에서 살다가 바다에서 죽음을 맞지만, 계속 물속에 잠겨 있을 수는 없어. 때때로 수면 가까이 올라가 콧구멍을 수면 위로 내밀고 숨을 쉬어야 하거든. 머리 꼭대기에 붙어 있는 두 개의 콧구멍으로 허파에 들어 있던 공기를 내뱉고 신선한 공기를 들이마셔서 허파를 채우는 거야.

우리가 숨을 내쉴 때에는 콧구멍 주위에 고여 있던 물과 함께 따뜻한 공기가 내뿜어지는데, 이것이 찬 공기를 만나서 하얗게 김이 서리면 높은 물기둥과 같은 것이 생겨. 사람들은 그것을 보고 우리 존재를 알아차리지.

수면으로 올라간 녀석은 본능의 마법이 이끄는 대로 숨을 쉬기 시작했어. 그러고는 내 옆에 바짝 달라붙어 헤엄을 치다가 젖을 먹기 시작했어. 그때부터 나는 하루에 몇 십 번씩 젖을 먹였어. 천천히 헤엄치면서 아기를 돌보고 젖을 먹이는 일에만 열중했지.

그냥 그것으로 충분했어. 완전한 삶을 사는 것 같은 느낌이랄까?

아기는 하루가 다르게 무럭무럭 자랐어. 하지만 잘 먹지 못하면서 많은 젖을 먹여야 하는 나는 살이 쭉쭉 빠졌지. 아기가 통통하게 살이 오르자 나는 아기를 데리고 먹이가 많은 곳을 찾아 여행하기 시작했어. 먹이가 많은 곳에 가야만 아기도 나도 살 수 있으니까.

생후 7개월 정도가 되자 아기는 태어날 때 몸무게의 열 배 정도로 자랐어. 반면에 나는 처음 아기를 낳았을 때 몸무게의 4분의 1이 줄어들었어. 아주 홀쭉해진 거야. 젖의 양이 조금씩 줄어들기 시작했어. 젖 뗄 때가 된 것을 알았는지, 젖만 먹던 아기도 이제 내 식사에 관심을 갖기 시작했어.

소리를 내서 주위를 살피니, 때마침 우리 앞의 차가운 바닷물에는 거대한 크릴 떼가 있었어. 크릴의 바다가 펼쳐진 것 같았지.

"아가, 크릴 떼가 있으면 이렇게 입을 크게 벌리고 천천히 헤엄을 치는 거야."

세상에서 가장 큰 동물인 우리 대왕고래의 주식은 크릴이라는 작은 동물이야. 새우 비슷하게 생겼지만 새우처럼 잘 헤엄치지 못하는 갑각류지. 맛도 좋지만 영양도 만점이야. 크릴을 잡아먹는 방법은 조금 특별해서 수염을 이용해야 해.

수염이라고 하면 보통 코밑이나 턱에 난 것을 생각하지만, 우리 수염은 특이하게 입 안에 들어 있어. 윗니가 나 있을 자리에 이빨 대신 수염이 나 있는 거야. 촘촘한 빗과 같은 것이 아주 넓고 깊게 자리를 차지하고 있지.

우리가 입을 벌리고 헤엄치면 턱 밑의 주름이 펴지면서 입 안에 아주 넓은 공간이 생기고 엄청나게 많은 양의 바닷물이 그 안으로 들어와. 이때 바닷물과 함께 크릴 떼도 입 안으로 휩쓸려 들어오지. 물은 곧장 밖으로 빠져나가지만 크릴은 수염에 걸러져서 입 안에 그대로 남아. 그러면 커다란 혀로 그것들을 휩쓸어 삼킬 수가 있어. 우린 코끼리만큼 커다란 혀를 사용해서 농구공 지름만큼 좁은 목구멍으로 먹이를 들여보내지.

"맛있지?"

"맛있어요, 맛있어."

날아갈 것 같은 기분이었어. 난 노래를 부르면서 머리를 위로 향한 채 꼬리지느러미를 빠르게 움직이기 시작했어. 수면을 향해 헤엄치기 시작한 거야. 다음 순간 내 머리와 배가 수면 위로 솟구쳤지. 그리고 기분 좋게 첨벙!

사람들이 그 모습을 보았다면 반쯤은 얼이 빠졌을 거야. 바다에서 청회색 5층 건물이 불쑥 솟아오르는 것처럼 보였을 테니까. 그러고는 그 건물이 엄청난 물보라를 일으키면서 수면을 때리고 바닷물을 일렁이게 하는 것을 본다면 두려움에 몸을 떨겠지.

아기도 나를 따라 바닷물 위로 몸을 솟구쳤다가 수면에 몸을 부딪쳤어. 아기는 먹고 놀고 노래를 부르면서 바다에서 살아남는 법을 하나하나 익혀 나갔어. 소리를 내서 먹이 찾는 법을 배우고 적당히 입을 벌려서 더 많은 먹이를 먹는 법도 배웠어. 먹이가 많은 곳에서는 천천히 헤엄치면서 많은 먹이를 쓸어 담는 법도 배웠어. 바다 저 멀리서 들려오는 노랫소리를 듣고 대왕고래의 노래와 다른 고래의 노래를 구분하는 법도 배웠지. 배와 잠수함들을 피해야 한다는 것도 배웠어. 앞으로는 많은 배와 잠수함의 항해로 점점 소란스러워지는 바다에 적응하는 법도 배워야 할 거야.

   내가 엄마 곁을 떠났듯이 얼마쯤 시간이 흐르면 아기도 내 곁을 떠나겠지. 저 넓은 바다를 헤엄쳐 다니다가 다른 대왕고래를 만나서 인사를 주고받기도 할 거야. 세월이 흘러 어른이 된 후에는 어느 따뜻한 바다에서 노랫소리에 홀려 제 짝을 찾아갈 테지.

   바람이 있다면 부디 잘 살아남기를, 그래서 한 번쯤은 망망한 바다 어디에선가 녀석의 노랫소리를 들을 수 있기를…….

## 로켓 발사음에 맞먹는 울음소리

　대왕고래는 흰긴수염고래로도 알려진, 지구 상에서 가장 큰 동물이에요. 현존하는 동물 가운데 가장 클 뿐만 아니라 지금까지 지구 상에 살았던 어떤 동물보다도 커요. 가장 큰 공룡이라고 하는 브루하트카요사우루스, 푸탈로뉴코사우루스, 아르헨티노사우루스도 체중이 170톤이나 되는 대왕고래에는 못 미치는 것으로 추정되지요.

　대왕고래는 몸집만 큰 게 아니라 가장 큰 소리로 울 수 있어요. 우주 로켓 발사 때 나는 것과 비슷한 소리를 낼 수 있으니까요. 하지만 너무 낮은 소리로 울어서 사람 귀에는 들리지 않을 때가 많지요. 대왕고래는 수백 킬로미터 떨어져 있는 다른 대왕고래의 울음소리도 들을 수 있어요.

　대왕고래는 겨울철이면 열대 먼바다에서 짝짓기를 하거나 새끼를 낳고, 여름철에는 고위도 지방으로 이동해서 먹이를 찾아다녀요. 먹이가 많을 때는 하루에 몇 톤에 이르는 수천만 마리의 크릴을 잡아먹지만 먹이가 없는 곳에서는 거의 먹지 못하고 지낼 때도 많답니다.

전 세계 대양

# 새엄마가 생겼어

> 침팬지 이야기

그날 꿈을 꾸었어. 셀 수 없을 만큼 많은 날이 지났지만 그날 아침 일은 아직도 생생하게 기억이 나.

나는 그 전날도 엄마를 따라다니다가 커다란 나무 위에서 잠자리에 들었어. 내 키의 열 배가 넘는 높은 나뭇가지 위에 편안한 침대를 만든 거야. 엄마는 내 침대 만들기를 도와준 다음 바로 옆 나뭇가지 위에 좀 더 큰 침대를 만들고 잠자리에 들었어. 밤이 되면 엄마 숨소리가 더 크게 들려. 난 그 소리를 자장가 삼아 잠이 들었어.

밤이 지나고 어느덧 숲 사이로 스며든 햇빛이 초록 나뭇잎으로 장식된 둥근 침대를 비추기 시작했어. 나는 잠에서 깨어나 줄기 쪽으로 가서 엄마 침대를 쳐다봤어. 엄마는 아직 자고 있었어. 언제부턴가 엄마가 나보다 늦게 일어나는 날이 많아졌어.

'깨우지 않고 혼자 놀면 엄마가 좋아하겠지.'

나는 팔을 뻗어 옆 나뭇가지를 잡았어. 휙휙 옆 나무로 넘어가는 게 무섭지 않았어. 팔이 점점 길어지고 힘이 점점 세지는 게 느껴졌지. 이 나뭇가지에서 저 나뭇가지로 돌아다니면서 매달리기 연습을 하다 보니 배에서 꼬르륵 소리가 났어.

'아, 배고파. 엄마가 너무 오래 늦잠을 자네.'

엄마가 늦게 일어날 때 사용하는 나만의 비법이 있지. 그건 털 고르기라는 마법이야. 털 고르기는 손가락으로 털 사이사이에서 벌레 같은 것들을 골라서 먹어 치우는 거야. 나는 엄마에게 다가가서 털 고르기를 시작했어.

'뭔가 잘못됐어!'

이상한 생각이 들었어. 엄마가 기분 좋은 소리를 내면서 잠에서 깨어날 때가 지났는데, 그대로 가만히 있는 거야.

나는 울고 싶어졌어. 낑낑 소리를 내면서 엄마 팔을 잡아당겼어. 엄마가 나를 안아 줄 거라고 믿으면서. 하지만 엄마는 나를 껴안아 주지도, 끌어당기지도 않았어. 태어나서 처음으로 털 고르기 마법이 아무 효과도 없었던 거야.

얼마나 시간이 흘렀는지 몰라. 난 엄마 팔을 이리저리 잡아당기다가 허둥지둥 줄기를 타고 내려가 이쪽저쪽으로 돌아다녔어. 엄마가 나무에서 내려오지 않으니 어디로 가야 할지 모르겠더라고. 난 다시 엄마한테 올라가서 엄마 목덜미랑 등에서 털을 고르기 시작했어. 하지만 엄마는 도무지 나무 밑으로 내려갈 것 같지 않았어.

또 한 번의 밤이 찾아왔어. 그래도 난 침대를 만들지 않았어. 그리고 계속 엄마 옆에 붙어 있었어. 엄마를 깨우려고 하면서. 깜빡 잠이 들었다 깼다 하면서 엄마 옆을 지켰어. 너무 배가 고프면 근처 무화과나무에 올라가 열매를 따 먹었지만, 점점 움직이기가 싫어졌어. 기운이 하나도 없었지.

"엄마, 이제 나무 밑으로 안 내려가려는 거지? 나도 그냥 엄마 옆에 누워 있을래."

얼마쯤 지났을까. 갑자기 엄마가 나를 안아 올리는 걸 느꼈어. 실눈을 떠 보니 엄마 친구였어. 엄마 친구는 조용히 나를 껴안고 나무 밑으로 내려갔어. 그리고 마치 괜찮다고 말해 주듯이 내 몸에서 털을 고르기 시작했어. 나도 엄마 친구 털에 붙어 있는 벌레를 잡아먹었어. 아주 천천히, 천천히. 딱딱하게 얼어붙었던 마음이 조금씩 녹기 시작했어. 털 고르는 손의 마법이 다시 돌아온 거야.

그렇게 새엄마가 생겼어.

새엄마에겐 아기가 있었어. 그런데 그 아기가 그만 병에 걸리고 만 거야.

새엄마는 아기를 정성껏 보살피고 젖을 먹였어. 하지만 어느 날 아기는 더 이상 새엄마 가슴에 매달리지도, 등에 올라타지도 않았어. 새엄마는 움직이지 않는 아기를 들쳐 업고 다녔지만 아기는 끝끝내 깨어나지 않았지.

새엄마의 털 고르기에는 이런 이야기가 담겨 있었어.

'아가, 이제부터 너는 내 딸이야.'

나도 털 고르기로 대답했어.

'고마워요, 엄마.'

그날부터 나는 늘 새엄마를 따라다녔어. 새엄마는 먹을 것을 나눠 주고, 업어 주고, 잠자리를 봐 주었어. 내가 늦으면 걸음을 멈추고 내가 쫓아갈 때까지 기다려 주었지. 그리고 옛날 엄마가 아직 가르쳐 주지 못한 많은 것들을 가르쳐 주었어. 나는 새엄마가 가르쳐 주는 대로 열심히 먹이를 찾고 친구들과 어울려 놀며 힘을 되찾았어.

새엄마와 함께 지내던 어느 날, 기적이 일어났어. 새엄마가 아기를 낳은 거야. 새엄마는 아기를 낳자마자 혀로 온몸을 구석구석 핥아서 깨끗하게 단장을 해 주었어. 그러고는 아기를 안고 젖을 먹였어.

나는 아기에게서 눈을 뗄 수가 없었어. 정말 작고 예쁘고 사랑스러운 아기였어. 다른 아줌마들이 낳은 아기도 다 예뻤지만, 새엄마가 낳은 아기는 더 예쁜 것 같았어. 나는 얼른 아기를 데리고 놀고 싶었지.

"안 돼."

새엄마는 아기를 감싸고 쳐다보지도 못하게 했어. 나뿐만이 아니라 어느

누구도 아기를 건드리지 못하게 했지. 그리고 잠시도 아기를 떼어 놓지 않았어. 난 낑낑거리면서 물러날 수밖에 없었지.

며칠이 지나자 손과 발에 힘이 생겼는지 아기는 제 엄마 배에 매달리기 시작했어. 엄마 배에 찰싹 달라붙어서 가끔 머리를 내미는 모습이 어찌나 귀엽던지!

나는 아기를 안아 보고 싶어서 몸살이 날 지경이었지만, 새엄마는 좀처럼 허락하지 않았어. 나는 틈만 나면 새엄마에게 털 고르기를 해 주면서 이제나저제나 아기에게 다가갈 기회만 엿보고 있었어.

그러던 어느 날, 마침내 허락이 떨어졌어. 조심스럽게 아기 곁으로 다가가는데도 새엄마가 그냥 놔두는 거야. 아기의 손을 만져 보았어. 정말 작은 손이었어. 아기도 내가 누군지 알아보고 싶은지 내 얼굴을 만지더라고.

아기를 만질 수 있게 해 준 게 고마워서 나는 새엄마에게 더 정성스럽게 털 고르기를 해 주었어. 며칠이 더 지나자 새엄마는 우리 무리의 다른 암컷들도 아기를 만질 수 있게 해 주었어. 암컷들은 답례로 새엄마에게 털 고르기를 해 주었지.

아기는 무럭무럭 자랐어. 처음에는 엄마 배에 달라붙어서 젖만 먹었지만, 어느 순간부터 등에 올라타기도 하고 걸어 다닐 수도 있게 되었어. 그 동안 나는 매일 동생과 놀아 주고, 털 고르기를 해 주었어. 맛있는 먹이를 나눠 주기도 했지.

　어느 날 새엄마는 더 이상 동생에게 젖을 주지 않으려고 했어. 동생은 화가 나서 꽥꽥 소리를 지르면서 엄마에게 매달렸어. 새엄마는 동생을 안고 털 고르기만 해 주고 젖은 주지 않았어. 동생이 마구 짜증을 부리는데도 계속 그렇게 했어.

　생각해 보면 나도 옛날에 그런 일을 겪었어. 갑자기 엄마가 젖을 주지 않자 놀기도 싫고 먹기도 싫고 아무것도 하기 싫었지. 동생은 꼭 그때의 나처럼 화를 내고 짜증을 부리기만 했어. 나는 열심히 동생을 달래 주었어. 간질이기도 하고 엄마 대신 업어 주기도 했지. 가장 좋은 건 뭐니 뭐니 해도 털 고르기일 거야. 나는 열심히 털 고르기를 하면서 동생의 마음을 달래 주었어.

　시간이 지나자 동생은 훨씬 의젓해졌어. 이제 엄마에게 젖을 조르지도 않고 먼 길을 갈 때에도 씩씩하게 혼자 잘 걸어 다녀. 그리고 나와 새엄마가 오랫동안 털 고르기를 해 주려면 뿌리치고 친구들과 놀러 나가는 일도 많아졌어.

　**왜 그날 일이 꿈에 나타난 걸까?** 잠자리에서 엄마가 일어나지 않던 그날 말이야. 까마득한 옛일 같기만 한 그날이 마치 엊그제 일어난 일인듯 생생해졌어. 요즘 들어 새엄마 몸이 많이 약해졌다는 게 느껴져서 그랬나 봐. 옛날 엄마가 그랬듯이 새엄마는 움직임이 둔해졌어. 늦잠을 자는 날도 많아졌어.

새엄마가 옛날 엄마처럼 잠에서 깨어나지 않는 날이 온다면, 그래서 더 이상 잠자리에서 내려오지 못하게 된다면, 그때는 내가 동생에게 새엄마가 되어 줄 거야. 동생도 언젠가는 독립할 테지만 아직은 혼자 살 수 없으니까. 새엄마가 내게 해 준 것처럼 혼자 살 수 있을 때까지 잘 길러 줄 거야.

## 털 고르기로 감정을 나누는 침팬지

　지구 상 모든 동물 가운데 사람과 가장 가까운 친척은 유인원(침팬지, 보노보, 고릴라, 오랑우탄, 긴팔원숭이 등 꼬리 없는 영장류)이에요. 그중에서도 침팬지와 보노보가 가장 가까운 친척이지요. 과학자들의 분석에 따르면 침팬지와 보노보는 고릴라나 오랑우탄보다 사람에 더 가깝다고 해요.

　침팬지는 사회성이 매우 발달해서 상대방의 기분을 잘 파악할 수 있어요. 이들은 '털 고르기'라는 행동을 통해서 서로 인사를 나누고 감정 교류를 하면서 서로 친하게 지내려고 하지요. 침팬지는 으뜸 수컷을 중심으로 보통 수십 마리가 한 무리를 이루는데, 어린것이 엄마를 잃으면 손위 형제자매나 이웃의 어른들이 입양해서 기르기도 한답니다.

탄자니아 곰비 국립공원

# 소리로 말하고 빛으로 말하고

고등어 이야기

짙푸른 바다! 바다는 마치 거대한 물고기 같아. 바다가 아주 커다란 물고기라면, 바다 표면에서 봉우리처럼 솟아오르는 물결은 그 물고기의 비늘이라고 해야겠지. 바다라는 물고기의 비늘들은 바람이 세지면 일어섰다가 바람이 잦아들면 슬며시 드러누워. 그리고 해가 떠오르면 사방팔방으로 눈부신 햇빛을 반사하지. 내가 사는 세상은 그 비늘 밑이야.

난 어느 봄날 제주도 근처 바다에서 생겨났어. 처음 알에서 깨어난 몸은 아주아주 작고 투명해서 눈에 띄지도 않았을 거야. 난 입도 눈도 없었어. 벌레처럼 생긴 몸은 잘 움직여지지도 않았어. 그저 바닷물에 둥둥 떠 있을 수밖에.

얼마나 시간이 흘렀을까? 기적과 같은 일이 일어났어. 희미하게 바닷속 세상이 보이기 시작한 거야. 두 눈으로 잘 보게 되면서 턱에 이빨도 생겼어. 나는 작은 플랑크톤을 잡아먹기 시작했어. 아기 고등어가 할 수 있는 일은 그것뿐이니까. 맞아, 난 고등어야.

내 옆에는 수많은 다른 아기 고등어들이 있었어. 그들은 시시때때로 큰 물고기 입 속으로 빨려 들어갔어. 잘 먹지 못해서 죽기도 하고, 병들어 죽기도 했어. 하지만 나와 몇몇 친구는 운 좋게 살아남았어. 건강하게 태어난 덕도 있지만 무엇보다 운이 좋았지.

살아남은 우리는 열심히 먹고 무럭무럭 자랐어. 시간이 지나면서 몸은 점점 더 커졌고 움직임은 자유로워졌어. 투명하던 몸에는 서서히 색깔이 나타나기 시작했어. 바다를 닮은 빛깔이.

태곳적 조상이 전해 준 본능 때문일까? 우린 비슷한 몸집의 친구들과 같이 있으면 편안하다는 것을 알게 됐어. 마음대로 헤엄칠 수 있게 되면서 우리는 무리를 이루어 다니기 시작했어. 우리는 작은 물고기와 곤쟁이, 새우 같은 먹잇감이 많은 곳을 찾아다녔어. 상어나 참다랑어, 황새치 같은 포식자는 피해야 했지. 그러다 보니 한동안 육지에서 멀리 떨어진 바다로 나가지는 못했어.

어느덧 여름이 찾아왔어. 우린 좀 더 몸집이 커졌고 더 많은 먹잇감이 필요해졌어. 먼바다로 떠날 때가 된 거야. 우린 멸치 떼를 쫓아서 먼바다로 나갔어. 그러고는 커다란 무리를 이루어 넓고 깊은 바다를 이리저리 누비고 다녔지.

벌써 몇 년이 흘렀는지 몰라. 우리는 해마다 봄이 오면 북쪽으로 이동하고 늦가을이 되면 남쪽으로 이동했어. 봄에서 여름 사이에는 그리 깊지 않은 바다에서 알을 낳았고, 겨울에는 깊은 바다로 들어가서 조용히 지냈지. 때로는 흩어지고 때로는 다시 만나면서, 나는 언제나 무리 속에서 친구들과 함께 살았어.

고요. 사람들은 대부분 바닷속 세상이 고요하다고 생각해. 그리고 물고기들은 조용하다고 생각하지. 하지만 그건 착각이야. 우리도 다른 동물들 못지않게 소란스럽거든. 사람들이 듣지 못할 뿐이지.

우웅우웅, 붕붕, 꼬르륵꼬르륵, 휙휙, 보글보글, 찰찰, 앵앵, 식식, 쿡쿡, 사사삭, 칙칙, 윙윙, 사르륵사르륵…….

온갖 소리가 우리를 둘러싸고 있어. 어떤 소리는 풍경처럼 혹은 배경처럼 끊임없이 들려오고, 어떤 소리는 특별한 일이 있을 때만 들려. 어쨌든 모두 우리 무리를 유지해 주는 소리들이야.

"얘들아, 적이 나타났어. 얼른 피해!"

"너무 가깝잖아! 좀 떨어져서 헤엄쳐."

"저쪽에 먹이가 많아. 다 같이 저쪽으로 가자."

물론 귀가 있어야 이런 소리를 들을 수 있지. 내 얼굴을 들여다보면 둥근 눈과 커다란 입, 조그만 코가 보일 거야. 귀는 보이지 않아. 하지만 보이지 않는다고 없는 건 아냐. 내게는 두 종류의 귀가 있지.

사람이나 토끼 같은 동물은 귓바퀴가 튀어나와서 귀를 쉽게 찾을 수 있어. 귓바퀴 안에는 귓구멍과 고막이 있지. 하지만 나에겐 귓바퀴도 귓구멍도 고막도 없어. 그냥 머리뼈 안에 속귀가 있을 뿐이지. 바닷물을 타고 전달되는 소리가 머리를 건드린 다음에 그대로 뼈를 타고 속귀로 전해지거든. 나는 이 단순한 귀로 다양한 소리를 들어.

그런데 내게는 속귀 말고 또 다른 귀가 있어. 그 귀의 이름은 '옆줄'이야. 내 몸 양옆에는 길게 늘어선 줄이 하나씩 있는데, 이 옆줄의 감각은 정말 소중해. 옆줄이 없다면 난 아마 힘만 센 좌충우돌 고등어가 되고 말 거야. 몸의 균형을 잡지도 못하고 마음대로 헤엄을 치지도 못하고 위험을 느끼지도 못하겠지.

나는 옆줄의 감각으로 바닷물이 따뜻한지, 차가운지, 얼마나 짠지, 얼마나 깊은 곳에 있는지를 느껴. 바닷물이 어느 방향으로 움직이는지, 얼마나 빠르게 흐르는지도 느끼지. 바닷물의 작은 떨림까지 느낄 수 있어.

바닷물의 흐름을 잘 느낀다는 건 혼자 사는 물고기에게도 중요하지만, 나처럼 무리를 지어 사는 물고기에게는 더없이 중요한 일이야. 물살을 주의 깊게 느낄 수 있어야만 무리 안에서 서로 부딪치지 않고 한 몸처럼 움직일 수 있으니까.

내가 바닷물의 움직임을 느끼는 것은 사람이 피부로 바람을 느끼는 것과는 사뭇 다른 일이야. 그 흐름은 마치 소리와 같아. 그 소리는 아주 낮게 웅웅거리다가 커지거나 작아지기도 하고, 높아지거나 낮아지기도 하지. 나는 그 소리가 울리는 방향과 높낮이, 강약을 통해서 주위에서 어떤 일이 벌어지는지 알 수 있어. 밤에도 낮에도 그렇게 온몸으로 소리를 듣는 거야.

그런데 우리는 빛으로 말을 하기도 해. 등에 있는 물결무늬를 이용해서 말을 하는 거야. 그 물결무늬를 옆에서 보면 세로 줄무늬가 되는데, 우리 눈은 움직이는 줄무늬에 민감하게 반응하도록 되어 있어. 가까이 있는 친구들이 움직이면 줄무늬도 같이 움직이는데, 그 움직임은 이쪽 또는 저쪽으로 가자고 말을 하는 것과 같아. 우린 그 신호를 통해서 아주 빠르게 헤엄치는 동안에도 마치 한 몸인 것처럼 순간순간 방향을 바꿀 수 있지.

내 청록색 등과 거기 그려진 검푸른 물결무늬는 바다 위로 나는 새들에게도 말을 해. 이런 말이지.

"나는 바다 물결이야!"

일렁이는 바닷물과 비슷해 보여서 적에게 내 정체를 쉽게 들키지 않을 수 있지.

은빛으로 빛나는 배도 말을 해.

"나는 햇빛이야!"

상어 같은 큰 물고기들이 나타나면 우리는 재빨리 해수면 가까운 곳으로 올라가서 몸을 숨기곤 해. 바다 밑에서 올려다본 해수면에는 태양빛이 환

하게 비치는데, 그 눈부신 빛이 은백색 배를 가려 주기 때문이지. 그게 바로 고등어의 푸른 등과 하얀 배의 비밀이야.

　많은 사람이 나를 좋아한다는 걸 알아. 어떤 가수는 낮은 소리로 읊조리듯 이런 노래를 불렀지.

어디로든 갈 수 있는 튼튼한 지느러미로
나를 원하는 곳으로 헤엄치네
돈이 없는 사람들도 배불리 먹을 수 있게
나는 또 다시 바다를 가르네
몇 만 원이 넘는다는 서울의 꽃등심보다
맛도 없고 비린지는 몰라도
그래도 나는 안다네 그동안 내가 지켜 온
수많은 가족들의 저녁 밥상

나를 고를 때면 내 눈을 바라봐 줘요
난 눈을 감는 법도 몰라요
가난한 그대 날 골라 줘서 고마워요
수고했어요 오늘 이 하루도 *

* 루시드폴의 앨범 〈레 미제라블〉(2009)의 수록곡 '고등어'의 가사 전문입니다.

나는 이 노랫말이 마음에 들어. 내가 지켜 온 수많은 가족들의 저녁 밥상, 가난한 사람도 고를 수 있는 나, 이런 내게 고마움을 느끼는 지은이의 마음이 느껴지거든. 내가 사람을 위해서 바다를 가르는 것은 아니지만, 사람들은 그렇게 느낄 수도 있겠다 싶어.

어쨌든 한 가지는 기억해 줬으면 좋겠어. 지금은 비록 접시 위나 생선 가게 판매대 위에 너부러져 있다고 해도, 살아생전 나는 청록색 등과 검푸른 파도 무늬, 은빛 배와 황금빛 꼬리로 바닷속을 훨훨 날아다녔다는 것을. 쌩쌩하게 아름답게, 그리고 자유롭게.

## 물고기들의 비밀 무기

　동물들이 포식자의 공격을 피하고 몸을 보호하기 위해 주위 환경과 비슷한 색깔을 띠는 것을 '보호색'이라고 해요. 깊지 않은 바다에서 헤엄쳐 다니는 고등어나 꽁치 같은 물고기들은 등은 푸른색, 배는 은백색의 보호색을 띠고 있어요. 하지만 갈치나 조기처럼 깊은 바다에 사는 물고기들은 몸 전체가 거의 비슷한 보호색을 갖지요. 가자미나 넙치처럼 바다 밑바닥에 붙어서 사는 물고기는 밑바닥의 모래나 자갈의 색깔에 따라 몸의 색깔을 바꾸기도 해요.

　물고기에게 청각은 매우 중요한 감각이에요. 물고기의 청각 기관은 머리뼈 속의 속귀와 옆줄이지요. 일부 물고기는 부레가 속귀에 연결되어 있어서 부레로 소리를 듣기도 한답니다. 조기나 민어 같은 물고기들은 부레를 움직여서 다양한 소리를 내기도 해요.

대한민국 제주도

서부로랜드고릴라 이야기

# 우리는 평화를 사랑해

햐아, 좋은 냄새! 속살이 부드러운 뿌리나 줄기, 잎과 꽃도 맛이 있지만 숲 속 세상에서 가장 맛있는 건 뭐니 뭐니 해도 향기로운 과일이지. 비가 내리는 날이 계속되면 확실히 과일이 맛있게 익는 것 같아. 비가 오는 건 귀찮고 기분 나쁘지만 과일은 좋다니까.

저 앞에 과일이 주렁주렁 매달린 나무가 보여. 난 나무를 타고 올라가 과일을 먹기 시작했어. 나도 모르게 흥얼흥얼 노래가 흘러나왔어.

"맛있다, 맛있어. 정말 맛있어."

내 노랫소리를 듣고 동생이 다가왔어. 요즘 내 뒤를 졸졸 쫓아다니는 동생이야.

"올라가도 돼?"

"그래, 올라와."

잘 익은 과일이 많으면 마음이 넓어지지. 난 동생을 껴안아 주고 같이 식사를 즐겼어. 보이지 않지만 다른 식구들도 가까운 곳에 흩어져서 과일을 먹고 있을 거야. 비 내리는 계절에 즐기는 진수성찬이지!

조금 떨어진 곳에서 누군가 다급하게 손뼉을 치는 소리가 들려왔어. 손뼉 치는 소리는 대장을 부르는 소리야. 무슨 일이 생겼다는 뜻이지. 그것도 심상치 않은 일이!

이번에는 외마디 고함 소리가 들렸어. 대장 목소리였지. 나는 먹던 과일을 던져 버리고 수풀을 헤치면서 소리 나는 쪽으로 뛰어갔어. 다른 식구들도 우우우 소리를 지르며 대장 쪽으로 모여들었어.

순간, 온몸의 털이 쭈뼛 섰어. 우리 식구들 목소리에 낯선 소리가 섞여 있었거든. 다음 순간 대장 건너편에 무리 지어 서 있는 다른 고릴라들이 눈에 들어왔어.

상대편 대장을 본 순간 심장이 마구 방망이질하듯 뛰기 시작했어. 저쪽 대장도 우리 대장처럼 키가 크고 몸집이 우람하고 머리 위가 불룩 솟아 있었어. 그리고 눈길을 사로잡는 우두머리의 상징을 갖고 있었지. 넓적다리와 등을 덮고 있는 멋진 은백색 털 말이야. 또 하나의 은백색 등, '실버백'이 눈앞에 있었어.

두 실버백은 점점 빠르게 후후후 소리를 지르다가 각자 가족을 등지고 한 발 두 발 앞으로 나아가기 시작했어. 순간 모든 고릴라가 입을 다물었어. 갑자기 조용해진 숲 속 세상에서 오직 두 실버백만 움직이고 있었어. 우리는 가만히 앉아서 꼼짝도 않고 대장들을 쳐다보았지.

대장이 걸음을 멈췄어. 저쪽 대장은 한 걸음 더 다가와서 걸음을 멈췄어.

두 실버백은 두서너 발짝만 떼면 부딪칠 수 있는 거리에서 마주 섰어. 두 실버백 모두 몸을 뻣뻣하게 세우고 있었어. 흥분했다는 것을 알리는 코를 찌르는 냄새가 났어. 눈은 평소와 달리 노랗게 빛났지. 하지만 이상하게도 두 실버백은 서로 눈길을 피하는 것 같았어.

 침묵을 깨뜨린 건 우리 대장이었어. 대장이 가슴을 쾅쾅 두드리기 시작한 거야. 그 소리는 내 심장을 두들겼어. 심장이 터질 것 같았어. 가만히 살펴보니 저쪽 대장이 우리 대장보다 키가 더 크고 힘도 더 세 보였어. 상대

는 전성기의 실버백이었던 거야. 아직 젊은 편인 우리 대장에 비해 몸집도 크고 자신만만해 보였지.

쾅쾅쾅! 상대편 대장이 똑같이 가슴을 두드리기 시작했어. 그러더니 커다랗게 입을 벌리고 숨어 있던 송곳니를 드러내면서 우리 대장을 향해 달려들었지.

'정말 싸움이 벌어지는 건가? 어쩌지? 나도 같이 싸워야 하나?'

이렇게 생각하는 순간 어머나, 반전이 일어났어. 우리 대장이 재빨리 몸을 돌리고 달아나기 시작한 거야. 당연히 우리도 같이 달아났지.

우리 대장이 항상 이렇게 도망을 치는 건 아니야. 지난번에 외톨이 수컷이 다가왔을 때에는 가슴을 두드리면서 이빨을 드러내서 금방 쫓아 버렸거든. 대부분의 충돌은 이렇게 약한 쪽이 자리를 피하면서 평화롭게 끝이 나지.

이번에 진짜 싸움이 벌어졌다면 어땠을까? 대장뿐만 아니라 우리도 무사하지 못했을 거야. 우리는 도저히 피할 수 없는 상황이 아니면 싸움을 하지 않아.

사람들이 아기 고릴라를 빼앗아 가려고 할 때 그런 피할 수 없는 싸움이 벌어지지. 사람들은 아기 고릴라를 빼앗아 가서 동물원에 전시를 하려고 해. 하지만 그러려면 같은 무리의 어른 고릴라를 모두 죽여야만 할 거야. 가족을 지키기 위해서라면 우리는 끝까지 포기하지 않고 목숨을 걸고 싸우거든.

얼마나 걸었을까? 대장은 햇빛이 비치는 곳에 자리를 잡았어. 우린 대장 주위에 웅기중기 모여 앉았지. 한 암컷이 실버백 뒤로 다가가더니 꾸룩꾸룩 소리를 내면서 털을 고르기 시작했어. 등에 붙어 있는 벌레와 더러운 것들을 떼어 내는 거야.

"대장도 놀랐지? 우리를 지켜 줘서 고마워."

털 고르는 손가락은 이렇게 말하는 것 같았어. 대장도 마음이 좀 진정되는지 풀밭에 드러누워 낮잠에 빠져들었어. 암컷들도 근처에 드러눕거나 앉아서 쉬었지.

하지만 나는 여전히 흥분이 가라앉지 않았어. 오늘 대장은 내게 중요한 것을 가르쳐 주었지.

'상대가 너무 강할 때는 도망을 쳐서라도 가족을 지킬 것.'

나도 언젠가는 실버백이 되겠지. 그때는 나도 대장처럼 가족을 잘 지킬 거야.

난 어린것들을 데리고 장난을 치기 시작했어. 아프리카 숲은 고릴라의 학교야. 이 학교에서는 노는 게 공부지. 우린 놀면서 숲에서 살아가는 데 필요한 기술을 배우고 익혀. 나무줄기를 타고 오르락내리락하기도 하고, 나뭇가지에 매달리기도 하면서 체력 단련을 하지. 먹이 찾는 법도 배우고, 위험이 닥치면 어떻게 할지도 배워. 무엇보다 중요한 것은 여럿이 어울려 사는 법을 배운다는 거야.

한참 놀았더니 배가 고팠어. 근처에는 먹을 게 많지 않았어. 난 실버백에게 다가가 배를 살짝 깨물었지. 대장이 눈을 떴어. 대장이 슬쩍 쳐다보기만 해도 저절로 조심하게 돼. 난 무조건 복종한다는 뜻으로 대장의 눈을 쳐다봤어. 대장은 장난을 건 나를 나무라지 않고 천천히 몸을 일으켜 세웠어. 다들 자리에서 일어났어. 우리를 감싼 공기에 다시 생기가 흐르기 시작했어. 식사 시간은 콧노래가 나올 만큼 즐거운 시간이니까.

우리는 깨어 있는 동안 절반에 가까운 시간을 먹으면서 지내. 먹고 또 먹고 또 먹는 거야. 사냥을 하지 않고 주로 식물을 먹다 보니 아주 많은 양을 먹어야 하거든.

요즘처럼 과일이 익는 계절에는 과일을 많이 먹지만, 비가 많이 오지 않는 계절에는 잎도 먹고 꽃도 먹고 뿌리도 먹어. 풀이나 나무줄기의 속살도 먹고 새로 돋아나는 싹도 먹고 나무껍질도 먹어. 때로는 재활용을 위해서 자기가 눈 똥을 먹기도 하지. 많은 양은 아니지만 식물에 붙어 있는 애벌레도 먹고 달팽이도 먹어. 가끔씩은 개미집을 부수고 개미를 잡아먹기도 해.

우리가 먹이를 찾아 숲 속을 돌아다니는 동안에는 종종 아프리카물꿩이 꽁무니에 따라붙어. 우리가 수풀을 헤집고 뒤질 때 튀어나오는 곤충들을 잡아먹으려는 거야. 아프리카물꿩은 혼자 다니는 것보다 우리 뒤를 졸졸 쫓아다닐 때 훨씬 더 많은 먹잇감을 잡을 수 있지.

우리를 좋아하는 것은 아프리카물꿩만이 아니야. 이상하게 들리겠지만, 식물들도 우리를 좋아하거든. 우리가 먹는 식물들 말이야.

우리는 식물의 열매를 먹을 때 씨를 같이 삼켜. 그러고는 여기저기 돌아다니면서 똥을 누지. 걸어가다가 한 덩어리, 쉬다가 한 덩어리, 심지어 잠자리 밑에도 똥 덩어리를 떨어뜨리지. 날마다 똥 덩어리 수십 개를 떨어뜨리는 거야.

그런데 이 똥 덩어리에는 수많은 식물 씨가 들어 있어. 그 씨들은 처음 생겨난 곳에서 멀리 떨어진 곳까지 퍼져 나갈 수 있어. 처음 생겨난 곳에 떨어진 씨는 잘 자라지 못하지만, 우리가 떨어뜨린 똥 덩어리 속의 씨는 잘 자랄 수 있어. 그러니 식물들이 우리를 좋아할 수밖에.

우리는 이렇게 숲에 기대어 살 뿐만 아니라, 숲을 가꾸기도 해. 우리가 가꾸는 숲은 다른 많은 동물의 삶터이기도 하지.

우리는 매일 몇 킬로미터씩 걸어 다니면서 먹이를 찾아. 한곳의 식물을 다 먹어 치우는 일은 절대 없어. 우리가 먹어 치우지 않고 남겨 둔 식물은 시간이 흐르면 다시 자라나서 초록빛이 흐드러지겠지.

많은 사람이 고릴라를 무서운 맹수라고 생각했어. 하지만 우리는 평화를 사랑하는 종족이야. 사냥을 하지도 않고 잘 싸우지도 않아. 그리고 언제나 '남겨 두는 삶'을 살지. 그렇게 숲의 평화를 지키는 거야.

## 덩치만 컸지 순한 초식 동물, 고릴라

영장류 가운데 꼬리가 없는 동물들을 유인원이라고 해요. 그중에 몸집이 큰 것들이 침팬지와 보노보, 오랑우탄과 고릴라인데, 고릴라는 특히 커다란 몸집을 자랑하지요. 고릴라는 육중한 몸과 길게 튀어나온 송곳니, 가슴을 치는 과시 행동 때문에 영화 〈킹콩〉에서처럼 무시무시한 괴물로 그려지곤 해요. 그런데 실제로 고릴라는 매우 유순한 초식 동물로 사람을 피해 다닌답니다. 하지만 힘이 무척 세기 때문에 위협을 느끼면 위험할 수도 있어요.

고릴라 무리의 구성원들은 서로 강력한 유대 관계를 맺고 있어요. 고릴라 무리는 대부분 우두머리 수컷인 실버백, 그의 수컷 형제나 조카들, 그리고 몇몇 암컷과 그들의 자녀로 이루어진 가족이에요. 고릴라 가족은 언제나 함께 돌아다니면서 먹이를 찾고 같이 놀고 같이 쉬고 같이 잠자면서 모든 생활을 함께하지요.

아프리카 서부의 저지대(가봉)

# 기적을 만드는 작은 날개

모나크나비 이야기

신기하기도 하지. 짙푸른 침엽수림을 보는 순간 나는 알 수 있었어.

'바로 저기야. 저곳이 작년에 우리 할머니의 할머니의 할머니, 할아버지의 할아버지의 할아버지들이 찾아온 그 숲이구나.'

어떻게 여길 찾았는지는 나도 모르겠어. 한 번도 와 본 적이 없는 곳이니 말이야. 따뜻한 남쪽 나라의 고산 지대, 오야멜전나무들이 울창한 숲을 이룬 그곳에는 벌써 많은 친구들이 모여들어 자리를 잡고 있었어. 그 친구들도

다 여기가 처음이야.

날개 표면의 비늘가루에 햇빛이 부서지면서 주황색과 노란색 빛, 그리고 우리 곤충들만 볼 수 있는 자외선이 눈을 찔렀어. 그 모든 빛과 독특한 검은 줄무늬는 우리가 한 종족이라는 것을 알려 주었지. 나도 같이 온 동료들과 함께 전나무 가지에 앉았어. 모나크나비가 하나둘 내려앉을 때마다 나뭇가지에서 미세한 진동이 느껴졌어. 어떤 나무들은 무수한 나비의 무게에 짓눌려 팔을 늘어뜨린 거인처럼 가지가 축축 처졌지.

지나고 보니 꿈만 같아. 활짝 펼쳐도 폭이 10센티미터밖에 안 되는 작은 날개로 5,000킬로미터를 날아 왔으니 말이야. 태어난 곳에서 여기까지 오는 데에 꼬박 두 달이 걸렸어. 순풍을 타고 편안히 날아 온 날도 있었지만, 맞바람이나 안개를 뚫고 날아야 할 때도 많았어. 잎사귀 밑에서 굵은 빗줄기를 피하기도 했지.

'남으로, 남으로!'

머릿속에서 끊임없이 들려오는 목소리가 있었어. 그 소리가 없었다면 결코 여기에 닿지 못했을 거야. 우리는 태양을 나침반 삼아 계속 날았어. 힘든 여행길이었어. 여행하는 동안 많은 동료가 강풍에 휩쓸려 호수에 빠지거나 도로에 떨어져 죽음을 맞았지. 안개비처럼 덮쳐 온 농약에 당한 동료들도 있었어. 전나무 숲에 처음 도착했을 때에는 너무 지쳐 쓰러질 것만 같았어.

더는 힘든 일이 없을 줄 알았어. 먼 남쪽까지 날아와 추위에 떨게 될 줄은 몰랐거든. 여기는 높은 산악 지대라서, 낮에는 따뜻하지만 밤이 되면 몹시 추워. 다닥다닥 붙어서 추위를 피해 보지만 어떤 날은 견디기 힘들어. 밤사이 체온이 낮아지는 바람에 정신을 잃고 땅에 떨어져 죽는 경우도 있지. 아무래도 몸이 약한 동료들이 이런 일을 당해. 나도 어느 날 밤 땅에 떨어졌다가 해가 떠오르고 몸이 따뜻해져서 겨우 정신을 차린 적이 있어. 그날만 생각하면 정말 아찔해.

고단한 여행을 마친 뒤, 가장 큰 행복은 이 꽃 저 꽃에서 달콤한 꿀을 빨고 오야멜전나무 가지에서 날개를 접고 달콤한 잠에 빠져드는 거야. 우린 모든 걸 잊고 겨울잠을 자기로 했지.


'그 시절의 내가 정말 나였을까?'

어린 시절을 떠올릴 때마다 이런 생각이 들어. 그때 나는 지금과 전혀 딴판이었거든. 눈도 코도 입도 머리도 가슴도 다리도 좋아하는 먹이도 모든 게 달랐어. 공통점을 찾는다면 검은 줄무늬가 있다는 정도일 거야.

저 멀리 북쪽에 있는 내 고향은 바다처럼 넓은 호수 근처의 초원이야. 어느 날 알에서 깨어나 보니 향긋한 풀잎 위였어. 우유처럼 하얀 즙을 머금고 있는 아스클레피아스라는 식물의 잎이었지. 나는 무턱대고 아스클레피아스 잎과 꽃, 연한 줄기를 먹기 시작했어. 아삭아삭 와작와작 맛있게 먹었지. 며칠이 지나자 몸이 커지면서 피부가 팽팽하게 땅겨 갑갑해서 미칠 것 같더니 허물이 벗겨져 나갔어.

그렇게 네 차례 허물을 벗는 동안 나는 점점 몸집이 커졌어. 노랗고 하얗고 검은 줄무늬는 점점 더 선명해졌지. 아스클레피아스에 붙어살 수만 있으면 더 바랄 것도, 걱정할 것도 없는 나날이었어.

어느 날 아름다운 모나크나비들이 찾아와 말을 건넸어.

"잊지 마! 넌 선택받은 자야! 잘 자라서 반드시 남쪽 나라를 찾아가야 해."

"저는 보잘것없는 애벌레예요. 선택받은 자라니요?"

"너는 늦여름에 태어난 특별한 존재야. 우리의 희망이지. 우리는 여기서 태어나 짧은 삶을 마치고 이제 곧 죽음을 맞을 거야. 하지만 너는 오래도록 살아남아 더 큰 세상을 만날 거야."

"무슨 말인지 모르겠어요."

"내면의 소리에 귀를 기울여 봐. 알게 될 테니까."

그 말은 사실이었어. 얼마 후 나는 누가 시키지도 않았는데 잔가지에 매달려서 번데기가 되었어. 그리고 정신을 차려 보니 내게 말을 걸어온 모나크나비와 같아져 있었어. 애벌레에서 번데기로, 다시 아름다운 나비로 탈바꿈을 한 거야.

가을이 성큼 다가와 있었어. 기온이 낮아지고 낮이 짧아진 거야. 늦여름에 태어난 모나크나비는 나 말고도 많았어. 우리는 맛있는 꽃꿀을 빨아서 배에 지방을 비축했어. 그리고 어느 날 남쪽 나라를 향해 수천 킬로미터의 여행길에 올랐지.

　어느새 봄이 우리 옆에 다가왔어. 꼭대기부터 밑동까지 전나무를 온통 주황색과 노란색, 검은색으로 뒤덮은 채 잠들었던 친구들이 하나둘 날아다니기 시작했어. 날마다 점점 더 많은 친구들이 날아다녔어.
"야호, 봄이야! 봄이 왔어."
　팔랑팔랑 날개로 노래를 부르는 것 같았지. 한꺼번에 수많은 나비가 날아오를 때면 주위가 어두워지고 후드득후드득 날개 치는 소리는 비가 오는 것 같았어. 우리는 하늘을 날면서 짝을 찾기 시작했어.
　짝짓기가 끝나면 우리는 다시 북쪽으로 여행을 떠날 거야. 그리고 여행하는 동안 아스클레피아스가 자라는 곳에서 알을 낳겠지. 호숫가의 고향으로 다시 돌아가고 싶지만, 나는 알아. 거기까지 갈 수 없다는 것을. 내가 낳은 알이 자라서 나비가 되고, 그 나비가 낳은 알이 다시 자라 나비가 되면서 계속 북쪽으로 이동할 거야. 결국 고향으로 돌아가는 것은 내가 아니라 그 녀석들이지.
　그곳을 다시 못 본다고 해서 슬프거나 애달프지는 않아. 해마다 건강하고 아름답고 운이 좋은 일부는 역경을 이겨 내고 살아남아 후손을 남기고, 그들이 호숫가 고향과 남쪽 전나무 숲을 찾아가면서 생명의 고리를 계속 이어 가리라는 것을 믿으니 말이야.

우리는 북쪽으로 여행하는 동안 여러 가지 꽃에서 꿀을 얻을 거야. 맛있는 꿀이 있다면 무슨 꽃이든 괜찮아. 하지만 알은 아스클레피아스에만 낳을 거야. 그것은 우리 종족의 혈통에 새겨진 약속 같은 거야.

우리 종족의 애벌레가 아스클레피아스만 먹는 데에는 중요한 비밀이 있어. 우리가 눈에 띄는 주황색, 노란색, 검은색 무늬를 갖고도 새들한테 모조리 잡아먹히지 않는 것과 관계가 있는 비밀이지.

아스클레피아스의 우윳빛 즙은 보기와 달리 대단한 독성이 있어.* 어떤 동물에는 심장마비를 일으킬 정도로 강한 독성이지. 하지만 우리 모나크나비의 애벌레들은 그 유액을 먹어도 아무런 해를 입지 않아. 오히려 그것을 먹고 살면서 몸속에 독을 모아서 쌓지. 이 독성 물질은 성충이 된 뒤에도 그대로 몸속에 남아 있어.

언젠가 푸른어치 한 마리가 동료를 먹어 치우는 걸 본 적이 있어. 녀석은 익숙한 솜씨로 날개를 뜯어낸 다음 야비한 부리를 벌려 우리 동료의 몸통을 한입에 집어삼켰지. 그 모습에 나는 부들부들 몸이 떨려 오면서 얼어붙은 것처럼 꼼짝도 할 수 없었어.

'꼼짝없이 죽었구나!'

아무리 날갯짓을 해도 녀석의 부리를 피할 수 없을 것 같았어. 하지만 바로 그다음 순간 녀석의 깃털이 쭈뼛 일어서는 게 보였어.

---

* 모나크나비의 애벌레들이 먹고 사는 아스클레피아스 중에서도 노란색과 주황색 꽃이 아름다운 것들을 '금관화'라 부르기도 해요. 이 식물에는 동물의 심장에 해를 끼칠 수 있는 카데놀리드라는 독성 물질이 많이 들어 있답니다.

"끄악! 이게 뭐야!"

푸른어치는 비명을 지르면서 먹은 것을 다 토해 내기 시작했어. 그냥 맛이 없는 정도가 아니라 잘못하면 죽을 수도 있다는 것을 본능적으로 안 거야. 푸른어치는 날개를 펼치고 도망치듯 날아가 버렸어. 동료의 희생으로 옆에 있던 우리 모두 목숨을 건질 수 있었지. 그 푸른어치는 다시는 주황과 노랑, 검은색 무늬의 모나크나비를 먹지 않을 거야.

대륙을 건너는 여행길에서 만난 수많은 새들이 우리의 무늬를 보고 질겁하는 것을 알 수 있었어. 우리 종족이 이렇게 눈에 띄는 아름다운 색깔로 몸을 치장하고도 살아남을 수 있었던 데에는 이런 비밀이 숨어 있는 거야.

아스클레피아스에게도 비밀이 있어. 곤충들이 갉아 먹기 좋은 부드러운 잎과 꽃을 달고 있지만, 독성 물질 때문에 많은 곤충이 그들을 피한다는 거야. 아스클레피아스의 노란색, 주황색 꽃을 보노라면, 우린 식물과 곤충이지만 참 많이 닮았다는 생각이 들어.

## 현대 과학으로도 못 푼 신비

모나크나비의 학명은 다나우스 플렉시푸스(Danaus plexippus)예요. 우리나라에서는 제왕나비, 황제나비 등 여러 이름으로 불리는데, 왕나비의 일종이라서 모나크왕나비라고 하기도 해요. 대부분의 나비는 성충의 수명이 한 달 정도로 짧고, 자기가 자란 곳을 떠나 멀리 여행하지 않아요. 알이나 번데기 상태로 추운 겨울을 나는 것이 많지요.

하지만 모나크나비들은 해마다 캐나다 남부와 미국 북부에서 수천 킬로미터를 날아 대륙을 건너고 바다를 건너 멕시코, 캘리포니아, 플로리다, 쿠바 등에서 겨울을 나요. 다른 모나크나비는 보통 한 달 정도 살다가 죽지만, 늦여름에 깨어난 것들은 6~8개월 동안 살면서 남쪽 서식지에 갔다가 돌아오는 도중에 알을 낳고 죽음을 맞지요. 이듬해에 다시 남쪽으로 떠나는 모나크나비들은 지난해 그곳을 찾은 것들의 손자의 손자의 손자들이에요. 이렇게 작고 여린 나비들이 어떻게 여러 세대를 건너뛰어 다시 같은 남쪽 서식지를 찾아가는지는 현대 과학으로도 풀지 못한 신비랍니다.

캐나다 남부 오대호 지역
멕시코 중부 고산 지대

두 번째 이야기

# 우리 친구를 소개할게

– 동물을 사랑하고 연구한 사람들

# 40년의 사랑을 지켜 온 과학자

지렁이와 찰스 다윈 이야기

"벌레만도 못한 인간 같으니라고!"

사람들이 아주 나쁘거나 비열한 행동을 한 사람을 가리켜 하는 말이야. 그런데 벌레가 뭐 어때서? 꿈틀꿈틀 기어 다닌다고 해서 비굴하다고 생각한다면 그건 오산이야. 우리 지렁이는 무척 용감한 존재거든.

우리는 컴컴하고 축축한 곳에서도 슬금슬금 후퇴하는 법 없이 앞으로만 나아갈 수 있어. 매끈매끈한 몸으로 땅속을 전진하는데, 흙이 단단하게 다

져진 곳에서도 물러서지 않고 부지런히 굴을 파고 흙을 삼키면서 묵묵히 나아가지.

흙! 흙이라고 하면 사람들은 돌멩이와 자갈, 모래알, 점토 알갱이 같은 암석 물질로 된 무생물을 떠올릴 거야. 하지만 우리에게 흙은 먹을 것이자 놀이터이자 쉼터이자 생명이야. 우리 세상이지.

흙 속에는 수많은 세균과 원생생물, 곰팡이 홀씨와 버섯, 곤충의 애벌레와 어른벌레, 그리고 다른 많은 벌레들이 살아 있거나 죽어 있어. 이것들과 함께 말라붙어 부스러진 식물 뿌리, 땅에 떨어진 잎과 줄기, 꽃, 썩어 가는 열매와 씨껍질, 식물의 즙, 그리고 동물의 똥과 사체가 흙에 생명의 물질을 채우지. 맛있고 향기로운 흙이 완성되는 거야.

우리는 식성이 까다롭지 않아. 작은 생물들, 동물이나 식물체의 부스러기, 동물의 배설물이 붙어 있는 흙을 그대로 삼켜서 튼튼한 소화관에서 소화를 하지. 그리고 남은 찌꺼기는 작은 구멍으로 내놓아.

그런데 그 찌꺼기에 놀라운 비밀이 있어. 그것은 흙이면서 똥이고, 똥이면서 흙이거든. 아주 깨끗하고 보드라운 흙이지. 적당한 양의 수분을 머금고 공기가 잘 통하는데다가 영양분이 많아서 식물들이 좋아하는 흙이야. 우리가 땅속 여기저기 뚫어 놓은 굴에는 공기와 물이 잘 스며드는데, 식물들은 그것도 좋아해.

식물이 우리가 만들어 주는 고운 흙과 굴을 좋아한다면, 많은 동물은 우리 몸 그 자체를 좋아해. 수많은 새들은 말할 것도 없고 두더지처럼 작은 동물부터 멧돼지처럼 큰 동물들까지 온갖 동물이 우릴 너무 좋아해서…… 잡아먹지. 이렇게 우리는 생태계의 매우 중요한 구성 요소가 되었어.

생태계와 농사를 아는 사람은 누구나 우리를 좋아해. 수천 년 전 과학자 아리스토텔레스도 우리를 무척 좋아해서 '대지의 창자'라는 별명을 붙여 주었지. 대지의 창자……. 우리가 없다면 대지는 생명력을 잃게 된다는 뜻이지.

이런 우리를 열렬히 사랑해서 40년 동안이나 연구한 사람이 있어. 바로 과학자 찰스 다윈이야.

어려서 어머니를 여읜 다윈은 들판과 냇가, 숲 속을 쏘다니며 곤충, 꽃, 새들과 친구가 되었어. 딱정벌레를 너무 좋아해서 양손에 한 마리씩 붙들고도 모자라 나머지 하나는 입에 집어넣은 일, 동물들 꽁무니만 쫓아다닌다고 아버지에게 '가문의 수치'가 될 거라는 걱정을 들은 일은 유명한 이야기야.

하지만 이런 걱정과 달리 다윈은 20대에 벌써 과학계의 유명 인사가 되었어. 비글호라는 함선에 올라 5년 동안 세계 일주를 하면서 남아메리카, 남태평양의 여러 섬, 호주 등 세계 곳곳의 동물과 식물, 화석을 연구하고 그 결과를 발표한 거야.『비글호 항해기』,『종의 기원』과 같은 유명한 책을 쓰기도 했지.

그런데 잘 알려지지 않은 이야기도 있어. 다윈이 긴 세월 동안 우리 종족을 연구해서 300쪽이 넘는 분량의 책을 썼다는 사실이야.

시작은 이랬어. 다윈은 항해에서 돌아온 뒤 너무 열심히 연구를 하다가 병이 나고 말았어. 다윈은 시골에 가서 요양을 하라는 의사의 권유에 외삼촌 집을 찾아갔지. 어느 날 외삼촌이 다윈에게 말했어.

"여러 해 전 목초지에 석회와 석탄 찌꺼기를 뿌렸는데, 그것들이 다 사라져 버렸구나. 지금 그 땅은 고운 흙으로 덮여 있지."

외삼촌은 다윈이 이런 일에 관심을 가질 줄은 몰랐어. 다윈이 거창한 지질학 문제를 연구하고 있었기 때문이야. 세계 일주를 하면서 가져온 멋진 표본도 많았지. 예상과 달리 다윈은 흥미를 느꼈어. 두 사람은 땅을 파 보았지. 그러고는 알게 되었어. 10년 전에 뿌린 석회층 위에 촉촉하고 고운 흙이 몇 센티미터 두께로 쌓여 있다는 것을.

다윈과 외삼촌은 그 놀라운 일을 한 주인공이 지렁이라는 사실을 깨달았지. 그때 다윈은 '산호충들이 열대 바다를 완전히 바꾸어 놓듯이, 엄청나게 긴 세월 동안 땅의 모습을 변화시켜 온 이 찬양받지 못한 생명체'와 사랑에 빠지고 말았어.

다윈은 지질학회에 참석해서 우리 지렁이가 부식토를 만들고 땅의 모양을 바꾸는 놀라운 힘을 갖고 있다는 것을 발표했지만, 대부분 학자가 별 관심을 보이지 않았어. 다윈의 성격이 괴팍하다고도 생각했지. 하지만 다윈은 멈추지 않았어.

"나에게는 똑똑한 사람들이 지닌 뛰어난 이해력이나 재치는 없지만, 사람들 눈길에서 벗어난 것들을 발견하고 세심하게 관찰하는 재주가 있다."

이렇게 말한 그대로였지. 다윈은 우리 몸을 연구하기 시작해서 그 구조를 알아냈어. 실험을 통해 우리 몸속에 근육이 발달한 모래주머니가 있어서 삼킨 흙을 곱게 갈아 준다는 것도 알았지.

행동이나 습성을 알아보는 실험도 많이 했어. 우리에게 여러 가지 음식을 주고 야생 체리와 당근을 좋아하고 살코기보다 비계를 좋아하는 것을

보고, 우리가 식사의 즐거움을 느낀다고 했지.

 감각을 알아보는 실험도 했어. 빛을 비추는 실험을 해서 우리가 눈은 없지만 빛을 느끼고 피한다는 것을 알아냈지. 옆에서 호루라기와 바순을 불거나 소리를 지르고, 피아노 위에 올려놓고 피아노를 치는 실험도 했어. 그래서 우리가 소리는 못 듣지만 진동은 예민하게 느낀다는 결론을 얻었지.

 우리가 얼마나 똑똑한지 알고 싶어서 굴 입구 근처에 나뭇잎을 갖다 놓기도 했지. 우리가 나뭇잎을 끌어당겨 굴 입구를 틀어막은 것을 보고 찬 공기가 들어오지 않게 하려는 것이라고 했어. 우리가 똑똑하다는 이야기지. 짝짓기를 하는 동안 강한 빛을 비춰도 피하지 않는 것을 보고는 우리의 열정에 감탄하기도 했어.

 다윈은 외삼촌 집에서 석회가 땅속으로 들어갔듯이 돌도 땅속으로 들어갈 거라고 생각했어. 그래서 목초지에 커다란 돌을 놓아두고 결과를 보려고 했지. 엄청나게 긴 시간이 필요한 실험이었지.

다윈은 우리가 고대 유적의 매립과 보존에도 중요한 역할을 했다고 생각했어. 몇 시간씩 기차와 마차를 갈아타고 스톤헨지*에 가서는 관리하는 사람에게 마음껏 땅을 파도 좋다는 허락을 받고 조사를 했을 정도야. 스톤헨지를 방문한 많은 사람 중에 거대한 석상보다 땅속의 작은 생물에 더 큰 관심을 기울인 사람은 아마 다윈밖에 없을 거야.

다윈은 40년에 걸친 연구를 정리해서 『지렁이의 활동에 의한 부식토의 형성』이라는 책을 펴냈어. 결론은 지렁이들이 대개의 사람이 생각하는 것보다 세계 역사에서 훨씬 중요한 일을 해 왔다는 것, 그리고 감각 기관이 발달하지 않았는데도 유연하고 복잡한 행동을 한다는 것이었지. 이 책은 다윈 생애의 마지막 책이었어. 다윈은 책을 낸 다음 해에 세상을 떠났지.

다윈의 생애를 한마디로 말하면 '느림', 또는 '묵묵함'이라고 할 수 있어. 진화 이론을 생각해 낸 뒤에도 20여 년이나 묵혔다가 발표했을 정도야. 그 이론의 요점도 생물이 자연 선택에 따라 긴 시간 동안 느리게 변화한다는 거였지. 그렇게 평생 느리게, 묵묵히 연구했지만 우리는 알아. 그 느림과 묵묵함 속에 뜨거운 열정이 있다는 것을.

『종의 기원』 마지막 장에 다윈은 이런 내용을 썼어.

---

* 거대한 돌기둥이 있는 고대 유적지로, 런던의 서남부 솔즈베리 평원에 자리하고 있습니다. 누가, 왜 만들었는지 명확히 밝혀진 것이 없어서 지금까지도 숱한 의문과 추측이 가득하지요. 오늘날 사람들이 가장 의아하게 생각하는 것은 이렇게 커다란 돌을 어디에서, 어떻게 옮겨 왔는가 하는 것이랍니다. 스톤헨지 주변은 드넓은 들판만 펼쳐져 있을 뿐 커다란 돌을 구할 만한 곳을 찾아볼 수 없기 때문이에요.

'떨기나무 숲에서 새들이 지저귀고, 여러 가지 곤충이 이리저리 날아다니며, 축축한 흙 속으로 벌레들이 기어 다니는, 갖가지 수많은 식물로 덮여 있는 강기슭을 눈여겨보면서, 서로 매우 복잡한 방식으로 의지하고 있는 서로 다른 이 정교한 구조의 생물들이 모두 우리 주위에서 작용하고 있는 법칙들에 의해 생겨났다는 것을 되새겨 보는 것은 흥미로운 일이다.'

새, 곤충, 그리고 벌레들이 등장하지. 여기서 다윈이 말한 벌레가 누구인지는 말 안 해도 알 수 있을 거야. 다윈이 얼마나 우리를 사랑했는지도.

## 흙은 기름지게, 갯벌은 깨끗하게

지렁이는 동물계 환형동물문에 속하는 무척추동물이에요. 환형동물은 고리(환) 모양의 몸마디가 있는 동물들로 다모류(갯지렁이), 빈모류(지렁이), 거머리류 등으로 나뉘지요. 지렁이는 센털이 잘 보이지 않아서 빈모류, 갯지렁이는 센털이 잘 발달해서 다모류라 하는데, 지렁이가 흙을 비옥하게 하듯이 갯지렁이는 갯벌을 정화하는 일을 해요.

지렁이는 암수한몸이에요. 한 마리가 암컷도 되고 수컷도 되어서 알과 정자를 모두 만든다는 뜻이에요. 하지만 암수가 따로 있는 동물들처럼 둘이 만나 짝짓기를 해서 상대방의 정자를 받아 두었다가 알을 수정해요. 그 뒤 두 마리 모두 한 개 또는 몇 개의 알이 들어 있는 알집을 내놓지요. 그리고 몇 주가 지나면 지렁이 새끼가 알집을 뚫고 밖으로 나온답니다.

# 친구가 된 사냥꾼

멕시코늑대와 어니스트 시턴 이야기

끝도 없이 펼쳐진 들판, 꼭대기가 뭉툭하게 잘려 나간 것 같은 산들, 대지를 적시는 얕은 강물, 곳곳에 발달한 숲, 떨기나무 덤불과 초원, 저기 저 야생의 땅!

내 조상은 까마득한 옛날부터 이 땅에서 사슴과 영양, 들소를 무리 지어 사냥하며 생활했어. 패거리를 이루어 우리 몸집의 열 배나 되는 동물을 사냥할 때면 얼마나 피가 뜨거워졌을까? 이따금 페커리나 토끼, 다람쥐, 생쥐

와 뒤쥐 같은 작은 먹잇감을 잡아먹기도 했지.

"우 우우 오우…… 오우우우……."

대장이 우렁찬 목소리로 집합 신호를 보내고 무리가 응답할 때면 온 세상이 숨을 죽였어. 그 소리는 사방으로 퍼져 나가면서 우리가 이 땅의 주인임을 선포했지. 인디언들도 있었지만 그들과 우리는 서로의 영역을 침범하지 않았어.

하지만 언제부턴가 모든 것이 달라졌어. 이 땅에 사람이 많아지고 그들이 끔찍한 화약 냄새 나는 총을 들고 다니기 시작하면서부터였지. 그들은 전혀 다른 종류의 인간이었어. 사람들은 목초지에 소 떼와 양 떼를 풀어 놓고 기르기 시작했어.

내 조상은 잘 차려진 밥상을 거부할 수 없었어. 소와 양은 원래 이 땅에 살던 들소나 들양과 비슷하지만 사냥하기가 훨씬 더 쉬웠으니까. 길들여진 가축들은 저항을 몰랐지.

그렇게 비극의 씨앗이 뿌려졌어. 우리의 영역과 인간의 영역이 겹치기 시작한 거야. 서로가 서로의 영역을 침범하면서 점점 갈등이 커졌어. 그 시절, 서른셋 젊은 나이에 운명적으로 늑대를 만난 한 사람이 있었지.

영국에서 태어난 어니스트 시턴은 어린 나이에 캐나다 남부로 이주하여, 나무 우거진 숲 속 농가에서 아홉 형들과 함께 어린 시절을 보냈어. 어린 시턴에게는 특이한 데가 있었어. 「빨간 모자와 늑대」, 「늑대와 일곱 마리 아기 염소」 같은 이야기를 좋아했는데, 그 이야기 속 늑대가 가엾다고 느꼈다는 거야. 늑대가 못할 짓을 한 것도 아닌데 부당한 대우를 받았다는 생각에 죄책감이 들었대. 어린 시턴에게는 대자연의 모든 것에 예민하게 반응하는 마음이 있었어. 개척지에서 자란 아이답게 사냥은 재미있는 놀이이자 일상이었지.

다시 이주를 해서 도시에서 지낸 10대에도 자연에 대한 감수성은 그대로였어. 인적 드문 협곡에 1년 동안 야금야금 통나무 오두막을 지어 그곳에서 혼자 시간을 보내기도 했고, 틈틈이 동물들을 사냥하여 자세히 관찰하고 정성 들여 그림을 그리기도 했지.

시턴은 화가가 되라는 아버지의 권유를 받아들여 진지하게 그림 공부를 하고 런던으로 유학을 했어. 20대에는 캐나다 동부와 서부, 미국, 영국을 오가며 계절의 변화를 느끼고 수많은 동물들을 관찰하고 일기를 쓰고 그림을 그렸어. 자연스럽게 화가이자 삽화가의 길에 들어선 거지.

그러던 어느 날 의사가 말했어.

"이보게, 시턴! 자네 그렇게 계속 과로하다가는 눈이 멀겠네. 책상과 이젤에서 벗어나 자연으로 긴 휴가를 떠나게."

때마침 한 목장주가 말했어.

"시턴 군! 내 목장에 가서 목동들에게 늑대 잡는 비결을 좀 가르쳐 주게. 내가 비용도 대고 보상금도 넉넉히 챙겨 줄 테니."

시턴은 미국 뉴멕시코 주 커럼포로 찾아갔어. 소들이 좋아하는 풀이 사방에 펼쳐진 계곡이었지. 그곳에 내 조상 가운데 하나인 늑대왕 로보가 살고 있었어. 부하들과는 비교할 수 없을 만큼 몸집이 크고 힘세고 머리 좋은 으뜸 수컷이었지. 로보가 무리를 이끌고 나타나면 소 떼는 공포로 날뛰었어. 목장주들은 분노하고 절망했지.

　로보 무리는 몇 년 동안 수천 마리의 소와 양을 해쳤어. 늑대왕을 잡겠다고 수많은 사냥꾼이 몰려들었지만, 늑대왕은 신출귀몰하는 재주로 그들을 비웃었어. 총도, 독약도, 강철로 만든 덫도 아무 소용없었지.

　시턴도 여러 가지 방법을 써 봤지만 실패의 연속이었어. 그러다가 면밀한 관찰로 늑대왕의 약한 고리를 찾아내고야 말았지. 로보의 약점은 하얀 털이 아름다운 늑대, 그의 아내 블랑카였어. 부하들은 왕의 뒤만 쫓아다녔지만, 블랑카는 종종 왕의 앞에서 움직이곤 했어.

　시턴은 블랑카가 덫에 걸리도록 계략을 썼어. 블랑카는 덫에 걸렸고, 시턴은 블랑카를 죽여서 숙소로 돌아갔어. 늑대왕은 블랑카를 찾아 산들을 헤매고 다니며 울부짖었어. 슬픔이 가득한 목소리였지. 마침내 늑대왕은 블랑카가 죽음을 맞은 자리에서 아내의 발자국과 핏자국을 발견하고 애처롭게 울었어. 감정이 메마른 목동들조차 '늑대가 저렇게 슬프게 우는 건 처음 본다'고 했을 정도였지.

　늑대왕은 복수를 하고 싶어서, 목장주의 집으로 찾아가 사냥개 한 마리를 갈기갈기 찢어 죽였어. 슬픔과 분노가 너무 커서 평소처럼 조심스럽게 행동할 수 없었던 거야.

　시턴은 그 기회를 놓치지 않았어. 늑대 무리가 지나다니는 모든 곳에

130개나 되는 강철 덫을 놓고, 죽은 블랑카를 덫이 설치된 곳마다 끌고 다녔지. 그리고 목장 둘레를 한 바퀴 더 돌면서 냄새를 풍겼어. 비열하게도 블랑카의 앞발을 잘라 덫이 묻힌 곳에 발자국을 찍기까지 했어.

커럼포의 늑대왕은 무작정 아내의 흔적을 쫓다가 결국 네 개의 강철 덫에 걸리고 말았어. 네 발이 모두 강철 이빨에 물렸지. 로보를 대면한 순간까지 시턴은 분명 사람들 편이었어. 사람들이 늑대왕에게 당한 만큼 앙갚음을 해야겠다는 생각뿐이었지. 하지만 그 순간 마음이 툭 내려앉았어.

'늙은 무법자, 포악한 영웅이여! 이제 너도 고깃덩이 신세가 되겠구나. 이제 와서 어쩌겠는가! 그게 네 운명인걸.'

사람들이 올가미로 늑대왕의 목을 단단히 죄고 그 눈에서 생명의 빛이 사라지려는 순간, 시턴은 소리쳤어.

"잠깐! 녀석을 산 채로 데려가자."

시턴은 로보를 잡아서 목장에 도착했어. 말뚝에 붙들어 매고 물과 고깃덩이를 갖다 주었지. 하지만 늑대왕은 위엄을 잃지 않았어. 흔들림 없는 눈빛으로 초원을 응시할 뿐이었지. 그리고 그날 밤 조용히 엎드린 채 숨을 거두었어.

훗날 시턴은 이런 말을 했어.

"로보 사냥 이후로 내 가장 간절한 소망은, 이 땅에 사는 야생 동물이 그 자체로 고귀한 유산이라는 것, 우리에게는 그들을 말살하거나 우리 아이들에게서 빼앗을 권리가 없다는 것을 사람들에게 이해시키는 것이었다."

시턴은 수많은 '동물 이야기'를 써서 야생 동물의 삶을 사람들에게 전하고 감동을 주었어. 로보와의 만남이 그를 화가, 위대한 동물 이야기의 작가, 인디언 문화의 지지자, 자연사 연구자, 스카우트 운동가, 사회 교육가로 살게 한 계기가 된 거야.

시턴의 동물 이야기는 대부분 비극으로 끝나. 인간과 동물의 영역이 겹칠 때 동물이 약자일 수밖에 없었으니까. 인간이 산업 발달을 이룬 뒤 동물들은 끊임없이 다치고 밀려나고 죽음을 맞았어. 심지어 한 종족 전체가 멸종하기까지 했지.

우리 멕시코늑대도 크게 다르지 않았어. 시턴의 뉘우침에도 아랑곳없이 박해는 계속되었고, 미국 남부의 모든 땅에서 야생 멕시코늑대가 사라졌지. 20세기 말 우리 종족은 미국 남부의 동물원과 멕시코에 극소수만 살아남아 멸종 직전이었어.

문제는 오해와 잘못된 믿음이었어. 우리 때문에 가축이 사망한 경우는 전체의 1퍼센트 미만이었고 우린 사람을 공격한 적이 없어. 하지만 사람들은 우리를 원망하고 두려워하고 미워했어.

사람들은 우리가 무슨 일을 하는지 몰랐어. 진실을 볼 힘이 없었던 거야. 멕시코늑대가 미국 남부의 최상위 포식자로서 생태계 균형에 꼭 필요한 존재라는 그 진실을.

노새사슴, 흰꼬리사슴, 말코손바닥사슴, 가지뿔영양, 아메리카들소, 페커리를 비롯한 많은 동물이 우리 덕분에 건강하고 조화롭게 살 수 있었어. 우

리가 늙거나 병든 것들, 어린것들을 잡아먹지 않았다면 그들의 수가 너무 많이 늘어나 온 땅의 식물을 먹어 치웠을 거야. 결국 자신과 다른 모든 종의 삶터를 파괴하고, 전체 생태계를 흔들어 놓았겠지.

얼마 전부터 그 사실을 깨달은 시턴의 후예들이 우리와 공존하려는 노력을 하고 있지만, 글쎄, 우리에게 희망이 있을까?

## 사라지는 야생 로보

포유류의 한 무리인 식육목 개과의 동물에는 개, 들개, 늑대, 자칼, 여우 등이 있어요. 학자들에 따라 조금씩 다르게 분류하지만, 개과는 큰 속을 이루는 개와 여우, 그리고 작은 속을 이루는 북극여우, 인도들개, 리카온, 칠라, 너구리 등으로 나뉘어요. 늑대속은 다시 늑대, 붉은늑대, 코요테, 자칼, 딩고, 개 등 여러 종으로 나뉘지요.

멕시코 말로 '로보'라고 하는 멕시코늑대는 늑대 종의 한 아종으로 몸집이 작은 편이에요. 과거에는 미국 남부와 멕시코에 많은 수가 살고 있었지만, 무분별한 사냥과 서식지 파괴로 거의 멸종 단계에 놓였지요.

그러다가 20세기 말 멕시코늑대와 공존하기 위해 노력하는 사람들이 나타났어요. 그들은 목장 주인들과 연대해서 가축과 멕시코늑대 사이에 문제가 생기지 않도록 하고, 동물원의 멕시코늑대들을 야생으로 돌려보내거나, 아메리칸인디언들과 함께 하는 생태 관광 프로그램을 만드는 등 많은 노력을 하고 있어요. 하지만 현재 멕시코늑대는 300마리 정도만이 사람들의 보호를 받고 있으며, 야생의 삶을 사는 것은 100마리가 채 되지 않는답니다.

미국 뉴멕시코 주

# 소녀, 쥐라기의 시간을 캐다

어룡 화석과 메리 애닝 이야기

쥐라기의 바다, 그곳으로 돌아갈 수만 있다면…….

내 몸에서는 쥐라기 바다의 냄새가 나는 것 같아. 가끔 내 앞에 와서 오래 멈춰 서 있는 사람들을 보면 그들도 그 냄새를 맡는 건 아닐까 하는 생각이 들어. 아니면 커다란 내 눈을 통해 쥐라기 바다를 보는 건지도.

지금으로부터 2억 4,500만 년 전부터 6,500만 년 전까지의 중생대는 다시 트라이아스기, 쥐라기, 백악기로 나뉘어. 사람들은 중생대를 '파충류의 시대'라고 해. 파충류들이 세상을 호령했기 때문이라나. 공중에는 익룡, 육지에는 공룡, 바다에는 장경룡이라는 몸집 큰 파충류들이 살았지.

중생대 바다에서 목이 긴 장경룡이 큰 몸집으로 활약을 펼친 것은 사실이지만, 가장 번성한 동물은 암모나이트와 원시 오징어, 그리고 물고기들이었어. 다양한 크기와 모양의 암모나이트와 물고기들이 얕은 바다, 깊은 바다, 육지에서 가까운 바다, 먼바다를 가리지 않고 모든 곳에 널리 퍼져 살았거든. 그런데 중생대 바다의 주인공 파충류는 한 종류가 더 있었어. 바로 우리 어룡들이지.

우리의 약점은 폐로 숨을 쉬어야 한다는 거였어. 그래서 물속 깊이 들어가지도, 계속 물속에 머물지도 못했지. 수면 가까이 살면서 가끔 물 밖으로 고개를 내밀어야 했거든. 그렇다고 물 밖에 오래 머물지도 못했어. 뭍에 오르면 커다란 몸집 때문에 폐가 눌려 숨을 쉬기 힘들었으니까.

어룡은 '물고기를 닮은 파충류'라는 뜻이야. 물고기를 닮은 포유류인 돌고래처럼 전체적인 생김새가 참치나 황새치 비슷했지. 생김새만 물고기를 닮은 게 아니었어. 노처럼 생긴 지느러미와 힘센 꼬리지느러미로 바닷물 속을 맘껏 헤엄쳐 다닐 수도 있었지. 커다란 두 눈과 날카롭고 억센 이빨은 최고의 바다 사냥꾼 지위를 누리기에 부족함이 없었어.

나는 중생대 쥐라기 초 바닷속을 신나게 누비고 다니며 일생을 보냈어. 나이가 들어 죽음을 맞은 뒤에는 바다 밑바닥에 고요히 가라앉았지. 내 몸은 작게, 더 작게 분해되어 바다로 돌아갈 날만 기다리고 있었어. 한 달, 두 달, 일 년, 이 년…… 시간이 지나면서 내 몸 위에는 수많은 바다 생물의 사체가 쌓였어. 그 바다에는 정말 많은 생물이 살고 있었거든. 나는 그렇게 바다 밑 지층*의 일부가 되었어.

**내 살은 분해되어 사라졌어.** 하지만 머리와 몸통의 뼈는 썩지 않고 남아서, 그 모양 그대로 천천히 암석 물질로 변하기 시작했지. 화석이 된 거야. 단단한 뼈라고 해도 화석이 되는 것은 쉬운 일이 아니야. 매우 드물게 작용하는 우연이 나에게 찾아온 거야.

나는 시간의 흐름에 둔감해졌어. 하지만 내게만 멈춰 있는 것처럼 느껴졌을 뿐, 시간은 계속 흐르고 있었어. 바다 밑바닥, 그 속에서도 이따금씩 대지가 기우뚱하는 게 느껴졌어. 시간의 흐름 속에서 대지는 끊어지기도 하고, 솟아오르거나 가라앉기도 했어.

그렇다고 해서 내가 다시 세상의 빛을 보게 될 줄은 몰랐어. 그것도 바닷속에서가 아니라, 바다가 내려다보이는 절벽에서 말이야.

내가 소녀와 소녀의 오빠를 만난 곳은 영국 잉글랜드 남해안의 라임 만이야. 1억 8,500만 년 전의 생물들이 거의 완벽하게 보존된 '쥐라기해안'이 있는 곳이지. 중생대 모든 시기의 지층이 연속적으로 나타나는 곳이기도 해. 그래서 수많은 척추동물과 무척추동물, 바다 생물과 육상 생물의 화석이 발견되었지.

---

* 지층은 자갈, 모래, 진흙, 석회 물질, 화산재 등이 해저나 강바닥, 지표면에 퇴적하여 층을 이룬 것입니다. 산호, 암모나이트, 조개껍데기처럼 석회 물질로 된 생물의 유해가 쌓이거나 물에 녹은 석회 물질이 가라앉아 쌓이면 석회암 층이 형성되지요.

그 바닷가에 위치한 라임 레지스는 사람들이 즐겨 찾는 휴양지였어. 마을 사람들은 바닷가에서 찾아낸 암모나이트 화석을 '뱀의 돌', 원시 오징어 화석을 '악마의 손가락'이라고 이름 붙여 관광객들에게 팔았지.

메리 애닝은 라임 레지스에서 가난한 가구장이의 딸로 태어났어. 일을 쉬는 날 아버지는 쥐라기해안에서 화석을 찾아 라임 레지스를 방문한 관광객에게 팔아 살림에 보탰지. 때로는 아이들을 데려가서 화석을 발견하고 조심조심 캐내는 방법을 가르치기도 했어.

메리의 나이 만 11세에 아버지가 병으로 사망하면서 어렵던 살림이 더 기울었어. 메리도, 오빠 조지프도 학교에 가는 대신 돈벌이에 나서야 했어. 메리는 가족과 함께 화석을 찾아서 길가에 벌여 놓고 팔기 시작했지.**

어린 소녀가 화석을 캔다고 하니 쉬운 일이라고 생각할 수도 있지만, 화석 수집은 무척 고된 일이야. 메리는 썰물이 질 때마다 절벽 밑을 살피고 다니면서 절벽에서 떨어진 흙더미나 돌덩이에 파묻혀 있을 화석을 찾아다녔어. 돌멩이가 굴러떨어지는 위험한 순간을 넘겨야 했고, 차가운 물을 헤치고 다녀야 했지. 절벽 끝에 바싹 엎드려 화석을 캘 때는 언제 떨어질지

---

** 메리 애닝이 사망하고 500여 년이 흐른 뒤, 테리 설리번이라는 작가가 그 이야기에 영감을 받아 짧은 노랫말을 만들었어요. 우리말의 '간장 공장 공장장은……'처럼 발음이 어려운 영어 문장으로 유명한 'She sells seashells on the seashore'는 이 노랫말에서 나온 것입니다.
She sells seashells on the seashore. (소녀가 바닷가에서 조가비를 판다네)
The shells she sells are seashells, I'm sure. (그 조가비는 바다에서 난 조가비라네)
So if she sells seashells on the seashore. (그녀가 바닷가에서 조가비를 판다면)
Then I'm sure she sells seashore shells. (그 조가비는 바다에서 난 조가비라네)

모른다는 두려움도 견뎌야 했어.

　그 무렵, 나를 품은 쥐라기해안의 오래된 지층은 바닷물과 비바람에 조금씩 깎여 나가고 있었어. 어느 순간 찬란한 햇빛이 쏟아져 들어왔어. 나는 생각했지.

　'오래된 지층과 함께 나도 서서히 비바람에 깎여 사라지겠구나.'

　그런데 얼마 뒤, 내 머리뼈가 몸통에서 떨어져 나간 채 조지프에게 발견되었어. 완벽하게 보존된 어룡의 머리뼈가 사람들 앞에 처음 모습을 드러낸 순간이었지. 조지프는 내 머리뼈를 보고 말했어.

"생김새를 보니 아주 오래전에 살던 악어인가 봐."

'나를 보고 악어라니!'

나는 실망했고 조금 분개했어. 조지프는 동생 메리에게 내 머리뼈를 보여 주었어. 메리는 커다란 호기심을 느꼈어.

"오빠, 이건 아무래도 악어 머리뼈가 아닌 것 같아. 이 머리뼈의 정체를 밝히려면 다른 뼈들이 있어야 할 텐데…… 찾아봐야겠어."

나는 기뻤어. 그 뒤로 메리는 나머지 뼈를 찾아다녔어. 하지만 내 몸은 여전히 쥐라기의 지층에 묻혀 있었지. 해가 바뀌었는데도 메리는 포기할

줄을 몰랐어.

그러던 어느 날, 미친 듯이 몰아친 폭풍이 메리를 도왔어. 절벽에 사나운 비바람이 몰아치면서 드디어 내 몸통의 뼈가 드러난 거야.

메리는 내 몸을 발견하고 뛸 듯이 기뻐했어. 메리는 당장 달려들어서 내 몸을 캐내기 시작했지. 하지만 4미터가 넘는 내 몸을 열세 살 소녀 혼자 캐내기란 역부족이었어. 메리는 마을 어른들에게 도움을 청했어. 내 몸을 다룰 때 얼마나 조심해야 하는지 신신당부했지. 그리고 꼼꼼하게 작업을 마쳤어.

라임 레지스 근처에 사는 한 귀족이 찾아와 메리의 가족에게 적은 돈을 지불하고 나를 사 갔어. 그런 뒤 런던에 되팔았지. 영국 과학계에 신기한 화석 이야기가 널리 퍼지기 시작했어. 과학자들은 처음 보는 신기한 동물의 머리뼈에 놀라움을 금치 못했어. 몇 년 뒤, 과학자들은 내가 지금까지 알려진 어떤 동물과도 다른 바다 파충류라는 데에 합의하고 어룡이라는 이름을 지어 붙였지.

메리는 부지런히 화석을 캐내서 팔았지만 가난을 벗어날 수 없었고, 어른이 되어서도 화석학이나 지질학 따위의 정규 교육을 받을 수 없었지. 하지만 메리는 화석에 대한 호기심을 버리지 않고 혼자 연구를 계속했어. 쥐라기해변 푸른 석회암 층에 묻혀 있는 태고의 생물들을 진심으로 사랑한 거야.

메리는 자신에게서 화석을 사 가는 부유한 화석학자들보다도 화석이나 지질학에 관해 더 많은 것을 알게 되었어. 전문 과학자들이 놀랄 만한 수준의 지식과 기술이었지. 비록 연구 논문에 메리의 이름이 등장하지는 않지만, 메리 애닝은 그 시대의 화석과 지질학 연구에 커다란 업적을 남겼어.

메리는 나를 발견한 뒤에도 다른 어룡들, 장경룡의 일종인 플레시오사우루스, 그리고 익룡의 일종인 디모르포돈의 화석을 발견했지. 특히 플레시오사우루스 화석은 사람들에게 커다란 놀라움을 안겨 주었어. 목이 기다란 뱀과 같은 바다 파충류 이야기를 듣고 과학자들이 가짜 화석이라고 생각했을 정도야.

지금 나는 영국 런던 자연사 박물관에서 사람들을 맞고 있어. 사람들은 내 앞에서 잠시 머물렀다 가곤 하지. 나를 통해 메리를 보는 것 같기도 해. 그래도 다행이야. 19세기 여성 메리 애닝은 사람들의 인정을 받지 못했지만, 지금은 많은 사람이 메리 애닝의 열정과 끈기에서 진정한 과학자의 모습을 보고 있으니 말이야.

## 축구공보다 큰 눈을 가진 어룡

많은 사람이 어룡이나 장경룡, 익룡을 공룡의 일종으로 알고 있지만, 그들은 각기 다른 종류예요. 이 이야기의 주인공은 템노돈토사우루스로, 쥐라기 초기의 바다를 헤엄쳐 다닌 대형 어룡이지요. 지름 20센티미터가 넘는 커다란 눈을 가진 템노돈토사우루스들은 희미한 빛에서도 물고기와 원시 오징어, 심지어 다른 파충류까지 잡아먹었을 거예요.

조지프와 메리 애닝이 발견한 템노돈토사우루스의 화석은 몸통의 일부가 유실되었어요. 머리뼈와 목 부분이 남아 런던 자연사 박물관에 전시되어 있지요. 2011년에는 발견 200주년을 기념해서 몇 달 동안 메리 애닝의 고향에 있는 라임 레지스 박물관에서 전시되기도 했답니다.

영국 잉글랜드 남해안의 라임 만

# 고릴라가 된 여자

마운틴고릴라와 다이앤 포시 이야기

비룽가, 볼캉, 그리고 볼케이노······.

사람들은 우리 종족이 사는 세상을 이렇게 여러 가지 이름으로 불러. 땅이 들썩들썩하고 우르르 쾅쾅 콰르릉 소리가 나면서 땅속에서 불처럼 뜨거운 돌과 먼지, 가스가 뿜어져 나오고 붉은 용암이 흘러나오는 그것, 바로 화산이라는 뜻이야.

비룽가 산맥. 바로 우리가 사는 곳이지. 여덟 개 화산이 만든 지형인데,

지금 여섯 개 화산은 분출이 일어나지 않아 온통 초록빛으로 덮여 있지.

비룽가 산들의 꼭대기는 늙은 고릴라 입술처럼 세로로 주름이 져 있어. 화산이 분출하면서 용암이 흘러내려 이런 모양이 되었지. 그리고 그 안쪽에는 우묵한 화산 분출구에 물이 고여서 생긴 호수가 있어.

우리를 만나고 싶다고 산꼭대기까지 올라갈 필요는 없어. 우리가 자주 돌아다니는 곳은 산비탈의 아프리카삼나무 숲과 대나무 숲이거든.

"잘 지냈어?"

쐐기풀 잎을 뜯어 먹다가 야생 셀러리를 씹어 먹다가 햇볕이 좋아서 뒹굴뒹굴 쉬고 있는데, 저 멀리서 공원 관리인들이 우리 식구를 보고 인사했어. 오늘도 어김없이 사람들을 데려오더군. 우리를 구경하려고 멀리서 온 사람들이지.

요즘은 공원 관리인들이 매일 정해진 숫자의 사람들만 우리가 있는 곳으로 데리고 와. 사람들은 우리한테 감기나 다른 병을 옮기지 않도록 미리 건강 상태를 확인받은 뒤에나 이리로 올 수 있지. 대부분 여기 처음 와 보는 사람들이야.

사람들이 카메라를 들고 호기심 어린 눈빛을 숨기지 못한 채 우리 쪽으로 다가오기 시작했어. 처음에는 다들 겁을 먹고 조심조심 다가오지. 그러다가 우리와 눈이 마주치면 깜짝 놀라면서도 눈을 떼지 못해.

사람들은 우리 눈동자를 들여다보면서 어떤 깨달음을 얻는 것 같아. 우리 눈 속에서 자기 자신의 모습을 보는 거야. 그리고 알게 되지. 사람과 고릴라가 그렇게 많이 다르지 않다는 것을.

"저기 좀 봐! 실버백이야."

사람들은 내게 관심이 많아. 내 몸집이 크고 등과 다리에 멋진 은백색 털이 나 있기 때문이야. 하지만 사람들이 눈치채지 못하는 게 있지. 내가 대장 자리에서 물러난 실버백이라는 거야. 나는 나이가 들어 힘이 빠지기 시작할 때쯤 실버백으로 자란 아들 녀석에게 우두머리 자리를 넘겨주었어. 그래서 지금은 한때 내가 이끌던 무리 안에 머물면서 편안히 지내고 있어. 하기야 요즘은 대장 노릇도 참 쉬워진 것 같아. 이 근처에는 우리를 괴롭히는 사람들이 없거든.

나처럼 나이 많은 고릴라들은 사람을 만나도 별 관심이 없어. 궁금한 것도 없고 긴장할 것도 없거든. 하지만 아기 고릴라들은 달라. 한쪽에서 호기심 많은 아기 고릴라가 어떤 사람이 들고 있는 물건을 만지려고 하자, 대장이 으르렁 소리를 냈어. 아기는 깜짝 놀라 대장에게 달려가 안겼지.

그 모습에 깜짝 놀란 사람이 다음 순간 신기하다는 듯 환하게 웃었어. 키가 크고 머리카락이 까만 여자였지. 그 여자를 보니 옛날 일이 생각났어. 내가 늙긴 늙었나 봐. 요즘 들어 부쩍 어릴 때 목격한 비극적인 일이 떠오르곤 해.

그때 우리는 사람들과 전쟁을 벌이고 있었지.

조상 대대로 전해 오는 이야기에 따르면, 아프리카의 원래 주인, 그러니까 옛날 옛적부터 아프리카에 살던 사람들은 우리를 그렇게 심하게 공격하지 않았대. 원주민들은 우리를 '숲 속의 야만인'이라고 부르면서 아주 위험한 존재로 여겼어. 그래서 마법이나 의식에 쓰려고 사냥하곤 했지만 자주 있는 일은 아니었지. 오랜 세월 동안 사람과 고릴라는 큰 갈등 없이 살아 왔어.

**그런데 총 든 사람들이 나타나면서 모든 게 달라졌어.** 비룽가에 찾아온 총잡이들은 우리 조상을 보자마자 마구 쏘아 죽였대. 몸은 박제로 만들고 머리와 손은 잘라서 기념품을 만들었지. 기념품이라니! 그들은 아기 고릴라를 산 채로 잡으려고 어른 고릴라를 모조리 죽이기도 했어.

고릴라를 노리는 사람들이 점점 많아지면서 밀렵꾼도 점점 많아졌어. 그들은 활과 화살, 총, 사냥개를 사용하고 덫을 놓아서 닥치는 대로 사냥을 했지. 그렇게 고릴라가 하나둘 주위에서 사라졌어.

내가 태어나기 전이어서 전해 들은 이야기지만, 그때 비룽가에 그 여자가 나타났다지. 여자는 산과 산 사이에 오두막을 짓고 혼자 살기 시작했대. 우리를 놀라게 하고 싶지 않았나 봐. 처음에는 밖으로 나와 수풀에 가만히 숨어 있기만 했대. 한동안 그렇게 지내다가 트림 소리를 내기 시작했어. 우리처럼 말이야. 그리고 고릴라 무리가 다가가면 야생 셀러리를 와삭와삭 씹었지.

좀 더 시간이 흐른 뒤에는 우리 목소리를 흉내 내기 시작했어. 우리가 걸을 때처럼 손가락을 살짝 구부리고 주먹을 쥔 채 땅바닥을 짚으면서 천천히 움직이기도 했어. 가끔은 나무에도 올라갔지.

"나는 그냥 여기 있을 거야. 아무도 해치지 않고."

온몸으로 이런 말을 하는 것 같았대. 여자는 서두르지 않았어. 조금씩 조금씩 무리에 가까이 다가갔지. 그러고는 우리처럼 몸을 긁고 풀줄기를 씹으면서 한참 동안 가만히 앉아 있었어. 이런 일은 해가 뜨고 지고 다시 뜨고 지는 일이 몇 백 번 일어나도록 계속되었어.

어느 날 여자는 수풀 속에 가만히 있었어. 낮잠 자는 고릴라처럼 비스듬히 드러누워서. 그때 젊은 수컷이 여자를 알아보고 여자의 손가락에 자기 손가락을 갖다 댔어. 여자는 감동한 것 같았대. 놀라운 인내심을 발휘해서 결국 우리와 친구가 된 거야.

세월이 흐르면서 여자를 알아보고 친구처럼 지내는 고릴라가 점점 많아졌어. 우리와 함께 있을 때 여자는 영락없는 한 마리 고릴라였어. 여자는 우리와 함께 수다를 떨기도 하고 노래를 부르기도 하고 간지럼을 태우면서 장난을 치기도 했어. 고릴라처럼 느끼고 고릴라처럼 생각하고 고릴라처럼 말하고 고릴라처럼 놀았지.

고릴라가 된 여자는 고릴라와 밀렵꾼의 전쟁에서 우리 편에 설 수밖에 없었어. 그렇게 우리를 지키는 전사가 된 거야. 여자는 사람들을 모아서 덫을 제거하고 순찰을 돌면서 밀렵을 막으려고 했어. 고릴라의 숲을 지키고 싶었던 거야. 하지만 그 모든 일은 쉽지 않았어. 친한 친구나 다름없는 고릴라들이 하나둘 죽음을 맞을 때마다 여자는 미칠 것처럼 괴로워했지.

높은 산에는 구름이 많이 생겨서 비가 자주 내리곤 해. 비룽가의 높은 산에도 많은 구름이 생기지. 이렇게 끊임없이 구름으로 덮이거나 안개가 끼어 있는 숲을 운무림이라고 해. 비룽가 산허리의 숲도 운무림이야.

운무림에서는 차가운 비가 자주 내려. 구름과 안개가 많은 날씨 때문에 여자는 점점 몸이 약해졌어. 균형 잡힌 식사를 하기도 어려웠어. 여자는 자주 기침을 했어. 산을 오르내리면서 여기저기 다치기도 했지. 하지만 무엇보다 여자를 힘들게 한 것은 고릴라가 사람들 손에 죽어 나가는 일이었어.

사람들은 고릴라를 사람보다 더 소중히 여기는 것 같은 여자를 이해할 수가 없었어. 여자가 제정신이 아니라고 생각하는 사람들도 많았어.
사람들 사이에서 여자는 점점 외톨이가 되어 갔어.
고릴라 무리 속에 있을 때에만 행복을 느꼈지.

밀렵꾼들은 몇 번이고 여자를 해치려고 했어. 무기를 가지고 몰래 오두막에 들어가기도 하고 불을 지르려고도 했어. 여자가 기르는 동물을 죽이거나 연구를 돕는 학생들을 해치기도 했지.

그러다가 결국 비극이 벌어졌어. 어느 날, 손도끼에 머리뼈가 깨진 여자의 시체가 오두막 안에서 발견된 거야. 범인이 누구인지는 끝내 밝혀지지 않았어. 밀렵꾼의 짓일 거라고 짐작할 뿐이지.

지금 여자는 오두막 뒤 자기가 묻어 준 고릴라 친구들 옆에 묻혀 있어. 그 여자의 이름은 '다이앤 포시'야.

다이앤 포시의 희생은 전 세계 사람들의 마음을 움직였어. 점점 더 많은 사람이 우리 친구가 되었지. 비룽가의 고릴라 관광도 우리를 보호하는 한 가지 방법이야. 이런 노력으로 지금 우리 종족은 서서히 수가 불어나고 있어.

## 1,000마리도 남지 않은 마운틴고릴라

생물은 계-문-강-목-과-속-종의 단계로 분류해요. 고릴라는 동물계 척삭동물문 포유강 영장목 고릴라속의 동물로, 침팬지 다음으로 사람과 가까운 친척이에요. 고릴라속은 서부고릴라와 동부고릴라의 두 종으로 나뉘어요. 서부고릴라는 대부분 작은 가족 집단을 이루어 저지대에 사는데, 이들이 서부로랜드고릴라예요. 로랜드는 저지대라는 뜻이지요. 아프리카 서부에는 10만 마리가 넘는 야생 서부로랜드고릴라가 살아요.

아프리카 중동부에 사는 동부고릴라는 다시 마운틴고릴라와 동부로랜드고릴라로 나뉘어요. 마운틴고릴라는 모두 비룽가 화산 지대에서 살고 있어요. 모든 고릴라가 멸종 위기에 있지만, 1,000마리도 남지 않은 마운틴고릴라는 특히 심각한 멸종 위기 종이에요. 동부로랜드고릴라는 약 5,000마리가 살고 있어요.

고릴라를 연구한 다이앤 포시, 침팬지를 연구한 제인 구달, 그리고 오랑우탄을 연구한 비루테 갈디카스는 유인원 연구로 커다란 업적을 쌓은 세 여성이에요.

아프리카 동부의
비룽가 산맥

# 유배지에서 만난 선비

백상아리와 정약전 이야기

"죠스가 나타났다!"

〈죠스〉는 "빠밤 빠밤 빠밤빠밤 빠밤빠밤……!" 하고 낮게 이어지는 음악이 섬뜩한 공포 영화 제목으로 유명해. 영화 주인공은 우리 백상아리와 같은 초대형 상어지. 그래서 영화를 보거나 소설을 읽은 사람들은 우리가 아주 무시무시하고 잔인한 괴물이라고 생각해. 노리는 사람이 있으면 끝까지 포기하지 않고 뒤쫓는 식인 상어라고.

우리가 스윽 하고 나타나면 많은 바다 동물이 공포를 느끼는 건 사실이야. 우린 어릴 적에는 물고기나 다른 상어를 잡아먹고, 다 자라서는 물범이나 바다사자, 돌고래, 그리고 작은 고래나 거북을 잡아먹고 살거든. 커다란 턱에는 톱니처럼 생긴 삼각형 이빨이 줄지어 박혀 있지. 이 입 안을 들여다보면 누구라도 간담이 서늘해질 거야.

실제로 지구 바다 곳곳에서 우리의 공격을 받아 사망한 사람들이 있어. 하지만 한 가지 오해는 바로잡고 싶어. 우린 식인 상어가 아니라는 거야. 사람을 먹잇감 삼아 사냥하는 것은 아니란 말이지.

우리가 서프보드 탄 사람을 해친 경우는 대부분 물범인 줄 알고 공격을 한 거야. 몸에 지방이 많은 물범은 우리가 좋아하는 먹이야. 바다 밑에서 올려다보면 물범과 서프보드 탄 사람이 잘 구분되지 않거든.

때로는 단순히 '저게 뭐지?' 하는 호기심에 사람을 공격하기도 해. 사람이 호기심에 처음 보는 작은 동물을 건드리는 것과 비슷한 일이야. 우리에게는 손이 없으니 만져볼 수가 없잖아. 우린 사람들이 우리를 아는 것만큼 사람들을 잘 알지 못해. 그래서 잘 피하지 못하고 본능에 따라 행동하는 거야.

이런 행동을 잔인하다고 하면 할 말이 없어. 아무리 식인 상어가 아니라고 해도, 공격받는 사람 입장에서는 차이가 없을 테지. 그래, 우린 무서운 죠스야. 사냥하는 상어 가운데 가장 몸집이 큰, 바다의 최상위 포식자!

바다에 우리가 나타나면 뉴스거리가 돼. 사람들은 백상아리라고 하면 사람을 해치는 사나운 성질만 강조하지. 하지만 모든 사람이 그런 건 아니야.

조선 시대의 한 선비는 우리를 이렇게 표현했거든.

> '큰 것은 20~30자나 된다. …(중략)… 색은 잿빛이며 약간 흰 기운도 있다. 입술에서 턱에 이르기까지 이가 네 겹으로 줄지어 있는 것이 마치 칼날이 늘어선 것 같다. 성질이 매우 느긋하여 사람들이 곧잘 낚아내는데, 일설에는 이 상어가 이빨을 아끼기 때문에 낚싯줄에 이빨이 걸리면 따라 끌려온다고 한다. 그러나 꼭 그런 것만은 아니다. …(중략)… 흥분하여 날뛰면 사람이 감히 접근하지도 못한다. 살은 눈처럼 희며, 포나 회로 만들 수 있다. 아이들의 경기를 치료하는 데 효력이 있다. 맛은 매우 담백하고 간에는 기름이 없다.'

이빨이 너무 소중해서 낚싯줄에 이빨이 걸리면 따라 나오는, 성질이 느긋한 백상아리라니! 독창적인 표현이지.

선비의 이름은 정약전! 이 선비가 처음부터 우리와 잘 알고 지낸 것은 아니야. 서울에서 관직에 있던 선비는 천주교를 믿고 국가 질서를 무너뜨린다는 죄목으로 유배 길에 올랐어. 어린 아들이 서울에서 수원 화성까지 배웅을 했다지. 아들은 선비와 헤어지면서 큰 구렁이 눈알로 만든 구슬을 건넸어.

"아버님 가실 곳은 수풀이 칙칙 우거져 무서운 뱀이 많은 섬이라고 들었습니다. 이 구슬에는 뱀을 물리치는 신비로운 힘이 있다고 하니, 부디 구슬

을 지니고 옥체를 보전하소서."

선비가 가야 할 곳은 흑산도였어. 바다도 산도 푸르다 못해 검게 보인다고 해서 이름에 검을 흑(黑)자가 들어 있는 섬이지. 선비는 아비를 걱정하는 아들 앞에서 의연한 모습을 보이고 싶었지만, 먹구름처럼 밀려오는 두려움은 어쩔 수 없었어. 검은 물 검은 산이 아가리를 벌린 채 기다리고 있는 것 같았지.

'내 살아생전 이 아이를 다시 볼 수 있을까?'

험한 바닷길을 건너 섬에 들어간 선비는 한동안 술에 취해 살았어. 그리움, 원통함, 그리고 두려움이 선비를 짓눌렀어.

쓰러진 선비를 일으켜 세운 것은 바다와 섬사람들이었어. 바다는 검은 괴물이 아니라 생명이 넘치는 삶터였어. 그리고 그곳에는 힘들지만 순수함을 잃지 않고 사는 사람들이 있었지. 선비는 지위고하, 남녀노소를 가리지 않고 마을 사람들과 가깝게 지냈어. 조선의 선비로서는 드문 일이었지.

선비는 서당을 지어 마을 아이들에게 글을 가르치는 틈틈이 마을 사람들을 따라 고깃배를 타고 물고기를 잡으러 다녔어. 바다와 함께하는 시간이 늘어나면서 선비는 바다 생물에 관한 관심이 커졌어. 틈만 나면 바닷가를 돌아다니며 바다 생물을 관찰하기 시작했지.

**바다 생물은 물속에만 사는 것이 아니었어.** 모래 속에 숨어 사는 것도 있고 갯바위나 바다 밑바닥에 붙어서 사는 것도 있었지. 크고 작은 물고기, 낙지와 오징어, 문어, 다양한 게와 새우, 해파리, 해삼, 전복, 굴, 홍합, 따개비, 말미잘, 거북손, 성게와 불가사리, 갖가지 조개와 고둥류, 갯강구와 갯지렁이, 김, 파래, 톳과 다시마, 그리고 바닷새와 물범에 이르기까지 다양한 생물이 살고 있었어.

선비는 바다 생물에 관한 지식을 정리하고 싶었어. 한 집안의 혈통을 기록한 족보와 같은 것이 생물에도 필요하다고 생각했지. 하지만 알면 알수록 모르는 것이 많아졌고 질문은 질문을 낳았어. 그때 선비 앞에 물고기를 잘 아는 장덕순이라는 청년이 나타났어. 선비는 청년을 스승으로 삼아 바다 생물을 관찰하고 정리한 책을 펴냈지.

바로 『자산어보』*라는 책이야. 책의 머리말에 다음과 같은 내용이 있어.

'자산은 흑산이다. 나는 흑산에 유배되어 있다. 흑산이라는 이름이 두려워 집안사람의 편지에는 흑산을 자산이라 쓰곤 했다. 자와 흑은 같은 뜻이다.'

자산은 흑산, 어보는 물고기 족보라는 뜻이니 『자산어보』는 흑산도의 물고기들을 체계적으로 정리한 책이라는 뜻이지.

'나는 어보를 만들고자 섬사람들을 널리 만나 보았다. 그러나 그

---

* 자산어보(玆山魚譜)의 '玆'는 '자'로도 읽을 수 있지만, '현'으로도 읽을 수 있어요. 그래서 어떤 학자들은 '현산어보'로 읽기도 합니다.

말이 달라 어느 말을 믿어야 할지 알 수가 없었다. 섬 안에 장덕순이라는 청년이 있었다. 청년은 집 안에 틀어박혀 옛날 책을 부지런히 읽었는데 …(중략)… 성격이 조용하고 정밀하여 풀, 나무, 물고기, 새 등 보고 듣는 모든 것을 세밀하게 관찰하고 깊이 생각하여 그 성질을 이해하고 있었다. 그러므로 그의 말은 믿을 만했다. 나는 이 청년을 맞아 함께 묵으면서 물고기 연구를 계속했다.'

양반이 아닌 평민과 함께 책을 썼다는 사실을 이렇게 밝힌 것을 보면 선비가 사람들을 어떻게 대했는지를 미루어 짐작할 수 있지. 선비는 이런 말로 머리말을 끝맺었어.

'후세의 선비가 이 책을 이해하고 더 훌륭하게 다듬는다면 이 책은 병을 치료하고 쓰임을 이롭게 하며 재물을 관리하는 데 도움이 될 것이다. 시인들도 이 책을 활용하여 이제까지 미치지 못했던 것까지 표현할 수 있을 것이다.'

『자산어보』는 물고기뿐만 아니라 흑산도에 사는 거의 모든 바다 생물의 이름과 분포, 모양과 습성, 생태, 이용 방법, 조리법과 약효까지 다루고 있어. 비늘이 있는 것, 비늘이 없는 것, 단단한 껍데기가 있는 것, 기타의 네 가지로 나누어 226가지나 되는 바다 생물을 다루었지.

선비는 우리를 직접 해부해서 관찰한 결과를 기록하기도 했어.

'물고기는 대부분 알에서 깨어나며 암수가 교미하지 않고 번식한다. 수컷이 정액을 뿌린 곳에 암컷이 알을 낳아 수정된 알이 부화해서 새끼가 되는 것이다. 그런데 유독 상어만은 태생이며, 특별히 새끼를 갖는 시기가 없다. 수컷에게는 밖으로 드러난 두 개의 생식기가 있고, 암컷의 배 속에는 두 개의 자궁이 있다. 각 자궁에는 4~5개의 배아가 들어 있다. 배아가 성숙하면 새끼가 태어난다. 자궁 속의 새끼 상어는 가슴 아래쪽에 난황을 달고 있는데, 크기가 수세미 열매만 하다. 난황이 없어지면서 새끼가 태어난다.'**

정밀한 관찰을 통해 우리와 같은 상어 대부분이 알이 아닌 새끼를 낳는다는 사실을 알아낸 거야. 처음에 선비는 사람들에게 도움을 주기 위해 책을 쓰기 시작했을 거야. 하지만 서서히 깨달았을 거야. 바다 생물을 연구하면서 자신이 다시 생생하게 살아나기 시작했다는 것을. 땅끝보다 더 멀게 느껴지던 유배지에서 선비를 살린 것은 흑산도의 바다 생물과 섬사람들이었어. 그 결과 『자산어보』가 빛을 볼 수 있었던 거야.

** 자산어보의 내용을 한글로 번역할 때 '태보'를 '자궁', '태'를 '배아'로 옮기는 식으로 현재 쓰이는 과학 용어를 사용했습니다.

## 몸속에서 알을 부화하는 상어

　상어는 동물계 척삭동물문 연골어강의 물고기예요. 어류는 경골어류와 연골어류로 나뉘는데, 연골어류는 단단한 뼈를 지닌 경골어류와 달리 가벼운 물렁뼈(연골)를 갖고 있어요. 그래서 적은 에너지를 쓰고도 물에 잘 떠 있지요. 상어는 체외 수정을 하는 대부분의 물고기와 달리 체내 수정을 해요. 괭이상어, 복상어, 두톱상어 들은 질긴 알껍데기에 둘러싸인 알을 낳지만, 대부분의 상어는 어미의 몸속에서 알을 부화해서 새끼를 낳아요.

　정약전은 다산 정약용의 형이에요. 형제는 학식과 덕망이 높은 실학자로, 조선의 지배 질서에 반하는 사상을 지녔다는 이유로 한날한시에 정약용은 강진으로, 정약전은 흑산도로 유배를 당했어요. 하지만 형제는 유배지에서도 연구를 계속해서 정약용은 『목민심서』를 비롯한 수백 권의 책을 남긴 학자로, 정약전은 『자산어보』를 써서 자연과학 연구의 선구자로 이름을 남겼답니다.

대한민국 흑산도

# 기러기 엄마가 된 사나이

회색기러기와 콘라트 로렌츠 이야기

땅 위에서 보는 세상과 저 하늘 높은 곳에서 본 세상은 전혀 다른 모습이야. 하늘 높이 올라갈수록 세상은 점점 더 아름다워져. 현실이 아니라고 느껴질 만큼 아름답지. 우리 종족은 날아오르는 것을 배운 이래로 언제나 그 아름다움을 품고 살았어.

가만히 있거나 천천히 움직일 때 공기는 거의 아무 느낌도 주지 않아. 하지만 빠른 속도로 날아다닐 때 공기는 두꺼운 장막처럼 느껴져. 뾰족한 부리로 그 두꺼운 공기층을 가르며 하늘을 나는 즐거움이란! 우리 조상은 그 즐거움 때문에 많은 에너지를 쏟아 가며 비상을 배웠는지도 몰라.

### 툰드라! 저 먼 북쪽 세상을 아는지?

하늘로 날아올라 계속 북쪽으로 날아가다 보면 바늘 모양 잎을 단 나무들이 울창한 수풀을 이룬 곳이 나타나. 세상에서 가장 북쪽에 있는 침엽수림이지. 그 숲을 지나서 좀 더 북쪽으로 날아가다 보면 마치 초록색 바다가 펼쳐진 것처럼 이끼와 풀이 땅을 뒤덮은 곳을 만날 수 있어. 거기가 바로 툰드라, 내 고향 땅이야. 북극 지방을 둥글게 에워싸고 있는 넓은 벌판이지.

이끼의 바다를 만나려면 시간 선택이 중요해. 툰드라에서는 여름 한 철에만 생명의 문이 활짝 열리거든. 우리 기러기들은 그 문이 열려 있을 때에만 고향을 찾아갈 수 있어.

툰드라에 여름이 찾아와 생명의 숨결이 번지면 지난가을 꽁꽁 얼어붙었던 땅이 녹으면서 이끼와 풀이 땅을 덮기 시작해. 여름에는 낮이 아주 길어지고 밤에도 환해서 식물들은 무럭무럭 자라지. 드문드문 서 있는 키 작은 북극버드나무에 새순이 돋고, 노란색 북극양귀비 꽃, 하얀 솜 같은 황새풀 꽃이 피어나고 곤충들도 날아다니기 시작하는 거야. 남쪽 숲에서 겨울을 난 순록 떼도 찾아와 어슬렁거리며 풀을 뜯지. 그러고 보면 내 고향은 그냥 툰드라가 아니라, 여름의 툰드라라고 해야 할 것 같아.

어느 날, 알껍데기를 깨고 나와 보니 웅덩이 근처 풀밭에 있는 작은 둥지였어. 접시 모양의 둥지에는 마른 풀잎이랑 이끼, 보드라운 솜털이 깔려 있었지. 그때 눈앞에 무언가가 어른거렸어. 알껍데기 밖에서 들려오던 익숙한 목소리. 난 본능으로 알았어, 그 어른어른하는 물체가 엄마라는 것을. 본능의 명령이 들려왔어.

'엄마다! 무조건 엄마 옆에 있어야 해. 어디든 쫓아다녀야 해.'

나중에 알게 된 사실이지만, 그날 우리 둥지에서는 모두 사남매가 알에서 깨어났어. 엄마는 우리를 품고, 아빠는 근처에서 망을 보고 있었지.

식물을 즐겨 먹는 우리 기러기에게 여름의 툰드라는 천국과도 같아. 물가에는 이끼와 물풀이 널려 있고, 무서운 천적은 많지 않아. 낮이 길고 밤에도 환해서 거의 하루 종일 먹이를 찾을 수 있지.

우리 사남매는 엄마 아빠의 보살핌 속에 많이 먹고 빠르게 자랐어. 엄마를 따라 물가로 가서 헤엄치며 물풀을 잘라 먹는 법을 배웠어. 어린 순과 부드러운 잎, 꽃, 씨와 열매, 땅속의 줄기와 뿌리까지 점점 더 많은 것을 먹게 되었지. 행복한 나날이었어.

가장 신기한 것은 엄마의 행동을 비슷하게 따라 하다가 어느새 하늘을 날게 된 거야. 모든 일이 참으로 자연스러웠어. 우린 그렇게 날개를 퍼드덕거리며 하늘을 나는 자유를 얻었지. 때로는 느리게 때로는 빠르게 날아다니는 엄마를 쫓아다니는 동안 우리 날개는 하루가 다르게 탄탄해졌어. 처음 세상에 나올 때 입고 있던 보송보송한 노란 솜털은 회색과 갈색의 억센 깃털로 변해 있었지.

우리는 모르고 있었지만 언제부턴가 낮이 짧아지고 있었어. 공기는 서서히 차가워졌어. 풀들은 더 이상 꽃봉오리를 맺지 않았어. 가슴속 어딘가가 간질간질하고 불안감이 꿈틀거렸어. 엄마 아빠의 비행 훈련은 점점 강화되었지. 가을이 다가온 거야. 우리 가족은 땅이 얼어붙기 전에 따뜻한 남쪽으로 이동해야 했어. 다른 기러기 가족도 이동을 준비하고 있었지. 우리는 다른 기러기 가족과 함께 이동을 위한 무리를 꾸렸어.

**대이동이 시작되었어.** 대이동을 하는 동안 우리 기러기들은 시옷 자 모양을 이루어서 하늘을 날아. 평소보다 훨씬 더 빠르게 아주 먼 거리를 이동하는데, 한 기러기가 선두에 서고 다른 기러기들이 그 뒤를 줄지어 나는 거야. 이따금 기럭기럭 소리를 내서 서로를 응원하기도 해.

시옷 자 모양을 이루어 날면 뒤쪽 기러기들은 앞의 기러기가 만든 공기의 흐름에 올라타서 더 편안히 날 수 있어. 맨 앞에서 나는 기러기는 너무 힘에 부치면 뒤쪽으로 물러나. 그러면 다른 기러기가 맨 앞자리를 채우지. 이렇게 자리를 바꾸어 가면서 누구든 힘 있는 기러기가 선두에서 나는 거야.

우리 무리는 높이 날아올라 남쪽으로 날았어. 선두를 바꾸어 가며 숲을 넘고 들판을 지나고 바다를 건너 계속 날았어. 며칠이나 지났을까? 우리는 아름다운 호숫가에 자리를 잡았어. 근처에 다른 기러기 무리도 있었어. 우린 여기서 겨울을 나고 봄이 오면 고향을 찾아 다시 북쪽으로 날아갈 거야. 나도 언젠가는 엄마 아빠를 떠나 짝을 만나서 노란 털이 보송보송한 새끼를 얻겠지.

툰드라의 둥지에서 엄마를 처음 만난 순간은 내 머릿속 깊이 새겨져 해마다 나를 고향으로 불러들일 거야. 그런데 알에서 깨어나는 그 중요한 순간, 엄마가 아니라 한 남자를 만난 새끼 기러기들이 있었어. 그 남자의 이름은 콘라트 로렌츠야.

로렌츠는 오스트리아 어느 시골 마을의 멋진 별장에서 태어났어. 어린 로렌츠는 동물을 무척 좋아했어. 여섯 살 때 오리를 키우기 시작한 이래로 물고기, 강아지, 곤충, 새, 악어, 원숭이까지 온갖 동물을 길렀지. 의사였던 아버지가 어린 로렌츠의 부탁을 들어준 거야.

로렌츠의 집에서는 봄이면 수많은 회색기러기가 무리 지어 북쪽으로 날아가고 가을이 되면 남쪽으로 날아가는 것을 볼 수 있었어. 로렌츠는 기러기의 우아한 날갯짓과 기럭기럭 하는 울음소리가 좋았어.

어릴 때부터 동물들과 친하게 지낸 로렌츠는 어른이 되어 동물학자가 되고 싶었어. 하지만 아버지는 로렌츠가 의사가 되기를 바랐고, 로렌츠는 아버지 뜻대로 의사가 되었지.

로렌츠는 의사가 된 뒤에도 동물 연구를 그만둘 수가 없었어. 그래서 결국 의학을 버리고 동물학 연구에 집중했지. 로렌츠는 태어나서 처음 기른 오리에 마음을 빼앗겼나 봐. 오리와 비슷한 회색기러기를 연구한 걸 보니 말이야.

로렌츠는 기러기가 알에서 깨어나는 순간을 보고 싶었어. 그래서 회색기러기 알 몇 개를 구해서 집에서 기르는 거위가 품도록 했지. 로렌츠는 아침마다 거위 집에 가서 기러기 알을 들여다보았어.

거위가 기러기 알을 품기 시작하고 약 한 달이 지난 어느 날 아침, 로렌츠는 알껍데기에 금이 간 것을 보았지. 잠시 후 알껍데기가 갈라지더니 새끼 기러기가 삑삑 울면서 껍데기 밖으로 나왔어. 로렌츠는 새끼 기러기를 두 손으로 감싸 안았어. 새끼 기러기가 삐악삐악 엄마를 찾자 로렌츠는 과악과악 대답을 해 주었지. 새끼 기러기와 로렌츠는 한참 동안 그렇게 이야기를 주고받았어. 그동안 다른 새끼 기러기들도 알에서 깨어났지.

몇 시간이 지나서 로렌츠는 거위 집을 떠나 집으로 향했어. 그런데 아까 그 새끼 기러기가 필사적으로 로렌츠를 쫓아오기 시작했어. 로렌츠는 새끼 기러기를 가만히 안아 올려 거위 집에 데려다 주었지. 그런데 새끼 기러기가 다시 로렌츠를 쫓아오지 뭐야.

'녀석, 왜 이러지?'

로렌츠는 이리 갔다 저리 갔다 방향을 바꿔 걸었어. 새끼 기러기는 그래도 계속 로렌츠를 쫓았어. 천천히 걸어가면 천천히, 빠르게 걸으면 헐레벌떡 쫓아왔지.

'세상에! 이 녀석은 나를 제 어미로 알고 있구나.'

로렌츠는 새끼 기러기를 품에 안고 집으로 데려갔어. 마르티나라는 이름도 지어 주었지. 마르티나는 무럭무럭 자랐어. 낮에는 밖에서 생활하고 밤이면 로렌츠 옆에서 잠들었지. 로렌츠는 마르티나를 데리고 헤엄을 치고 먹이 찾는 법도 가르쳐 주었어. 새끼 기러기 마르티나의 엄마가 되어 준 거야.

로렌츠는 그 뒤로 다양한 동물들을 연구하고 연구 결과를 발표했어. 그

중에 하나가 '각인'이야. 각인은 도장을 찍듯이 특정한 시기에 특정한 정보만 기억하는 능력이야. 우리 같은 새들이 알에서 깨어나자마자 본 엄마를 기억하는 것도, 갓 태어난 새끼 뒤쥐가 엄마 냄새를 기억하는 것도 모두 각인이지. 로렌츠는 기러기가 하늘을 날고, 울고, 헤엄치고, 짝짓기를 위해서 관심을 끄는 것 같은 많은 행동이 타고난다는 것을 알게 되었어.

로렌츠 시대의 어떤 학자들은 동물의 행동은 타고나는 것이 아니라 학습에 의해 나타난다고 주장했어. 하지만 로렌츠의 연구로 동물 행동학의 기틀을 닦을 수 있었지. 로렌츠는 이런 연구의 공로로 노벨상을 비롯한 많은 상을 받았어.

## 거위가 먼저? 기러기가 먼저?

기러기는 동물계 척삭동물문 조강 기러기목 오리과에 속하는 몇 종류의 철새를 통틀어 부르는 말이에요. 우리나라에 찾아오는 기러기 종류에는 쇠기러기, 큰기러기, 흑기러기, 개리 들이 있지요. 드물게 흰기러기와 회색기러기가 찾아오기도 해요.

기러기와 관계가 깊은 새는 거위랍니다. 우리나라에서 기르는 거위는 개리를 길들여서 가축으로 만든 거예요. 유럽에서 기르는 거위는 회색기러기를 길들여 가축을 삼은 것이지요. 깃털이 하얀 거위는 몸집이 커지면서 하늘을 날지 못하게 되었지만, 헤엄은 잘 쳐요. 기러기를 가리켜 야생 거위라고 부르기도 하는데, 기러기에서 거위가 유래했으니 야생 거위라는 말은 아무래도 좀 이상하지요.

기러기는 한번 짝을 맺으면 죽을 때까지 인연을 이어 간다고 해서 전통 혼례에서 백년해로를 상징하는 동물로 사용했답니다. 살아 있는 기러기 대신 나무로 만든 기러기를 사용하기도 했지요.

오스트리아

세 번째 이야기

# 함께 살자, 행복하게!

― 지구 환경과 생태계

# 생명의 그물을 건강하게

베달리아무당벌레와 농약 이야기

안녕? 나는 베달리아무당벌레야.

이 세상에는 여러 가지 동물들이 있어. 그중에 가장 많은 수를 차지하는 것이 무엇인지 알고 있니? 아마 내 이름을 듣고 눈치챘을 거야. 맞아, 곤충이야. 그 가운데서도 나와 같은 딱정벌레가 가장 많지. 지구에 사는 모든 동물을 종류별로 길게 한 줄로 세울 때, 넷 중 하나가 딱정벌레일 정도야.

우리 딱정벌레는 많은 만큼 다양하기도 해. 어떤 생물이 많고 다양하다는 것은 생물의 세계가 균형 있게 유지되는 데에 크게 이바지하고 있다는 뜻이야. 우리가 그만큼 중요한 존재라는 말씀이지. 험험!

뿔처럼 멋진 큰 턱을 자랑하는 사슴벌레도, 근사한 더듬이가 있는 하늘소도, 명주 같은 광택이 아름다운 비단벌레도, 머리가 개미핥기를 닮은 바구미도, 똥 먹는 풍뎅이나 쇠똥구리도, 수영 선수 물방개도 모두 딱정벌레야.

언뜻 보면 우리 딱정벌레들은 날지 못할 것 같을 거야. 나비처럼 넓은 날개도, 잠자리처럼 긴 날개도, 파리처럼 억센 날개도 보이지 않으니까. 하지만 우리의 등을 반씩 딱 갈라서 덮은 단단한 딱지가 실은 날개란다. 그 속에는 섬세한 속날개가 숨어 있어. 평소에는 방패와 같은 딱지날개로 속날개와 몸을 보호하다가, 날아오를 때에만 딱지날개를 열고 속날개를 펼치는 거지.

울긋불긋 화려한 옷을 입은 무당처럼 화려한 무늬가 있어서 우리를 무당벌레라고 하나 봐. 이 화려한 무늬는 경계색이야. 벌레를 잡아먹는 새들에게 '나는 아주 고약한 맛이 나!' 하고 경고하는 거야. 어떤 새들이든지 한번 맛보면 다시는 먹고 싶지 않도록 깊은 인상을 남기지.

내가 사는 곳은 미국 캘리포니아 주의 오렌지 농장이야. 그런데 150년 전만 해도 이 지역에는 베달리아무당벌레가 하나도 없었어. 이제 우리가 어떻게 여기 살게 되었는지 그 이야기를 들려줄게.

19세기 말 캘리포니아에서는 오렌지 산업이 크게 발달했어. 오렌지 재

배에 적당한 토양과 기후 덕분이었지. 그런데 오렌지 농장주들에게는 커다란 골칫거리가 하나 있었어. 바로 이세리아깍지벌레였어. 몸길이가 5밀리미터나 되는 커다란 이 벌레는 하얀 솜털 같은 밀랍 가루로 덮인 몸으로 오렌지나무의 잎과 가지에 붙어살며 수액을 빨아 먹기 때문에 농장에 큰 피해를 입혔지. 오렌지나무의 잎과 가지, 열매를 검은 그을음 같은 것으로 덮어서 잘 자라지 못하게 했거든. 이세리아깍지벌레의 공격을 받은 많은 오렌지나무가 열매도 맺지 못한 채 시들시들해졌어. 그 깍지벌레들은 어찌나 지독한지 훈증 소독을 하고 살충제를 뿌려도 아무 소용이 없었어.

그때 그 곤충에 관해 연구하던 과학자 라일리는 생각했어.

'이세리아깍지벌레의 원산지는 호주야. 호주에 가면 이 깍지벌레 문제를 해결할 실마리를 찾을 수 있을지도 몰라.'

라일리는 사람들에게 이런 이야기를 들려주었지만 귀 기울이는 사람은 많지 않았지. 하지만 라일리는 포기하지 않고 다른 곤충학자를 호주로 보내서 이세리아깍지벌레 문제의 해결 방법을 찾도록 했어. 그리고 그 곤충학자는 호주에서 우리 조상을 찾아냈지.

생명의 그물을 건강하게 · 127

"신기하기도 하지. 이 작은 무당벌레가 자기보다 큰 깍지벌레를 잡아먹다니! 짧은 털로 덮여 있어 아름답지는 않아도, 다른 어느 무당벌레보다도 귀한 몸이 될 거야."

곤충학자는 500마리가 조금 넘는 베달리아무당벌레를 로스앤젤레스에 보냈어. 사람들은 500여 마리로 1만 마리의 무당벌레를 만들어서 이세리아깍지벌레가 꼬인 나무에 풀어 놓았어. 믿기 힘든 일이 일어났지.

"그 징글징글한 깍지벌레들이 없어지다니!"

죽어 가던 오렌지나무가 살아나기 시작한 거야. 우리 조상은 점점 더 많은 농장으로 퍼져 나갔어. 우리 조상이 캘리포니아 주에 들어오고 겨우 1년 만에 오렌지 수확량이 3배로 늘어났지.

소문도 멀리멀리 빠르게 퍼져 나갔어. 미국 모든 지역 사람들이 작은 상자를 들고 찾아와 무당벌레를 잡아서 집으로 돌아갔어. 그 과정을 통해 우리 종족은 미국 전역에 자리 잡을 수 있었지.

미국만이 아니었어. 이제는 우리와 같은 조상에서 갈라진 수많은 베달리아무당벌레들이 유럽, 중동, 러시아, 남아메리카, 아시아의 여러 나라에 살고 있어. 매우 다양한 기후에 적응할 수 있기 때문이지.

무당벌레는 아주 다양해. 세계 곳곳에 5,000여 종의 무당벌레가 살고 있지. 노란색, 주황색, 빨간색, 갈색 등으로 색깔도 다양하고, 점의 크기와 모양, 개수도 각양각색이야. 점이 없는 것도 있고, 점 대신 줄무늬를 지닌 것도 있어. 몸길이가 1밀리미터도 안 되는 것부터 2센티미터에 조금 못 미치는 것까지 크기도 다양하지.

하지만 대부분의 무당벌레가 농사에 피해를 주는 진딧물이나 깍지벌레, 곤충의 애벌레들을 잡아먹어서 농부들에게 도움을 줘. 혼자서 하루에 진딧물 수백 마리를 먹어 치우는 무당벌레도 있지. 그래서 많은 사람이 무당벌레를 친근하게 여기고 좋아해.

지금은 다양한 농약이 개발되어 농사짓기가 훨씬 편리해졌다고 해. 많은 사람이 농약을 뿌려서 농작물에 피해를 주는 곤충과 벌레들을 죽이지. 하지만 농약은 피해를 주는 벌레들뿐만 아니라 그것들을 먹고 사는 우리와 같은 천적까지 없애 버려. 농약에도 살아남은 벌레들은 천적이 없는 곳에서 번성하는데, 그러면 독성이 더 강한 농약을 뿌려야 해. 이런 일이 계속 되풀이되면, 사람들은 독한 농약으로 범벅이 된 농작물을 먹고 살아야만 할 거야.

다행히 점점 더 많은 사람이 이런 상황의 위험성을 깨닫고 있어. 사람들은 독성이 강한 농약을 사용하지 않고, 여러 미생물과 곤충, 식물들 사이의 관계를 이용해서 농작물에 피해를 주는 것들을 관리하면서 농사를 지어야 한다고 생각하게 되었지. 이런 일을 '생물적 방제'라고 해. 여러 생물들이 복잡하게 얽히고설킨 먹이 사슬과 먹이 그물을 농사에 이용하는 거야.

이런 예로, 미국 캘리포니아 주의 오렌지 농장에 우리 베달리아무당벌레가 있었다면 한국의 논에는 꽥꽥 오리가 있어. '오리 농법'은 생후 한 달 정도 된 어린 오리들을 논에 풀어 놓으면서 시작돼. 오리는 넓은 물갈퀴와 부리로 흙탕물을 일으켜서 잡초가 싹트지 못하게 하고, 잡초의 씨를 먹기도 하지.

　오리 농법으로 농사를 짓는 논에는 살충제를 뿌리지 않으니 거미나 사마귀 같은 천적이 많아. 이런 천적은 벼에 해를 끼치는 벌레를 잡아먹지. 오리도 벌레를 잡아먹고. 오리가 이리저리 누비고 다니는 논에는 바람이 잘 통해서 벼가 병에 걸리지 않고 더 잘 자라. 게다가 오리가 이곳저곳에 눈 똥은 좋은 비료가 되지.

　농약을 사용하지 않고 농사를 지으면 더 많이 수고해야 농작물을 거둘 수 있어. 하지만 유용한 미생물과 벌레들이 살아나도록 해서 흙을 되살리고, 생명의 그물을 건강하게 만들고, 사람들의 몸속에 농약의 해로운 성분이 쌓이지 않도록 하는 소중한 일이지. 농작물이 어떤 과정을 거쳐 길러졌는지 관심을 기울이는 사람이 점점 더 많아진다면 사람의 세계와 자연의 세계가 서로 화해할 수 있을 거야.

　한동안 사람들은 자연을 정복하고 그 위에 군림하려고만 했어. 다른 생물들이 살아갈 공간을 빼앗고 마음대로 찢어 놓았지. 하지만 그런 식으로는 다른 생물들의 삶은 물론 인간의 삶도 지속할 수 없을 거라는 점을 잊지 말아야 해.

　어디서든 점박이 무늬를 보면 우리 무당벌레들을 떠올려 줘. 그리고 우리가 하는 말에 귀 기울여 주렴.

## 모기를 없앴는데 왜 쥐가 늘어났을까?

　어느 섬에서는 말라리아를 옮기는 모기를 없애려고 독한 살충제를 뿌렸어요. 모기는 사라졌지만 다른 문제가 생겼어요. 벌레를 잡아먹는 도마뱀들이 서서히 활기를 잃고, 이런 도마뱀을 잡아먹은 고양이들이 죽어 간 거예요. 그 결과 쥐가 갑자기 불어났지요.

　이런 일이 일어난 까닭은 살충제를 흡수한 벌레를 잡아먹은 도마뱀의 몸속에 살충제 성분이 점점 많아졌고, 도마뱀을 먹은 고양이의 몸에는 살충제 성분이 훨씬 더 많아졌기 때문이에요. 먹이 사슬에서 뒤로 갈수록 살충제가 점점 더 많이 축적되는 거예요. 이런 일을 '생물 농축'이라고 한답니다.

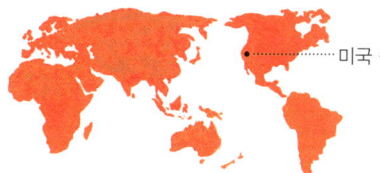

미국 캘리포니아 주

# 우리가 얼마나 깨끗한 곳에서 왔는지

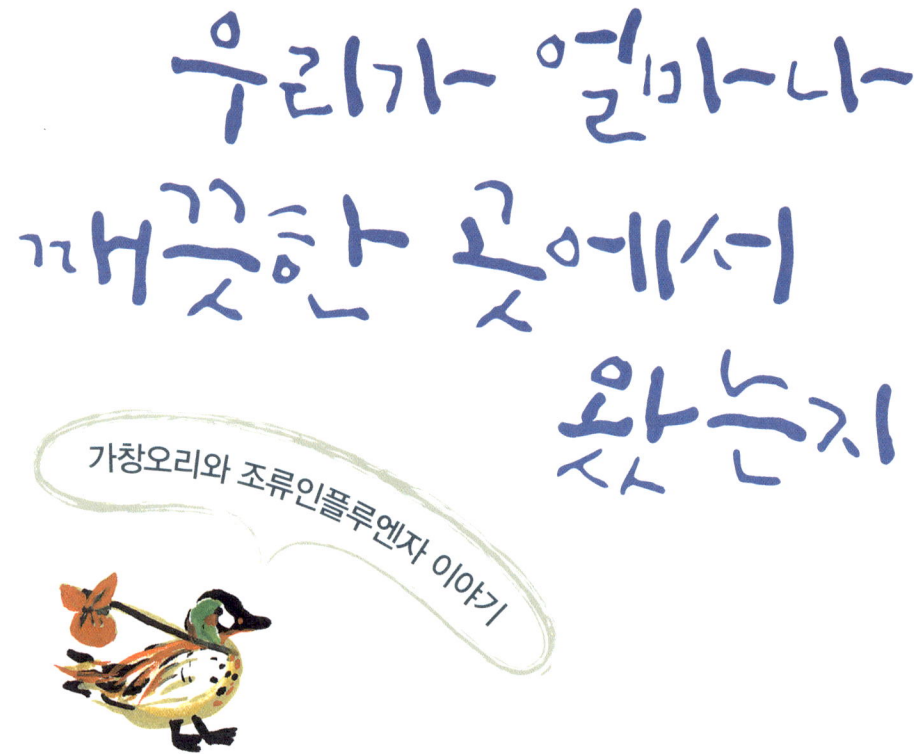

가창오리와 조류인플루엔자 이야기

안녕? 나는 시베리아에서 한국을 찾아온 작은 오리야. 세계 어디서나 통하는 내 이름은 '아나스 포르모사(Anas formosa)'. 라틴어로 아름다운(포르모사) 오리(아나스)라는 뜻이지. 참 마음에 드는 이름이야.

한국에서는 우리를 가창오리라고 해. 저녁 하늘을 뒤덮는 가창오리의 군무에 관해 들어 본 적이 있니? 우리는 낮에는 저수지나 호수의 물 위에서 쉬다가 해 질 무렵이면 수천, 수만 마리가 한꺼번에 날아올라 춤을 추지.

그 모습이 하늘에 먹물을 뿌린 것 같다고도 하고, 용이 승천하기 전에 용틀임을 하는 것 같다고도 해. 많은 사람이 그 모습에 감동을 받아.

우리를 왜 가창오리라고 하는가에 관해서는 여러 가지 설이 분분해. 분명한 사실은 수십 년 전부터 우리를 가창오리라고 불렀는데, 한자로 어떻게 적는지는 안 알려졌다는 거야.

어떤 사람은 '노래를 부른다'는 뜻의 가창오리라 하고, 어떤 사람은 '끝이 창처럼 뾰족하다'는 뜻의 가창오리라 하지. 가창오리는 꼬리가 창처럼 뾰족한 고방오리의 다른 이름인데, 기록이 잘못되었다고도 해. 그래서 우리 얼굴 무늬에 맞춰 태극오리나 반달오리로 개명해야 한다고도 하지. 심지어 거리의 여자처럼 아름답게 치장한 모습이라서 그렇게 부른다는 사람도 있어. 하지만 이건 좀 아닌 것 같아. 아름답게 치장한 가창오리는 암컷이 아니라 수컷인걸.

어쨌든 우리는 현재 한국조류학회의 공식 기록에 가창오리라는 이름으로 청둥오리, 쇠오리, 흰뺨검둥오리, 고방오리, 넓적부리, 발구지, 알락오리, 청머리오리, 홍머리오리와 함께 아나스(Anas)속 야생 조류로 등록되어 있어.

이름 이야기를 하려고 말을 꺼낸 건 아닌데……. 우리가 요즘 너무 억울하기도 하고, 걱정도 많고 그렇거든.

그 이야기를 시작하자니, 다시 한 번 이름 이야기를 해야겠네. 영어를 사용하는 사람들은 우리를 '바이칼 틸(baikal teal)'이라고 해. '바이칼에서 온 물오리'라는 뜻이지.

'시베리아의 푸른 눈', 바이칼 호수를 아니? 세상에서 가장 오래된 호수, 가장 깊은 호수, 가장 많은 물을 담고 있는 호수, 지구에서 가장 깨끗한 물을 지닌 호수……. 모두 바이칼을 이르는 말이야. 바이칼의 아득한 수평선 앞에서 호수라는 것을 믿을 수 없던 사람들은 '성스러운 바다'라고 하기도 했어.

우리는 봄부터 여름까지 사람들의 간섭이 없는 시베리아 동부의 드넓은 벌판에 흩어져 살아. 늪지대나 초원에 풀잎을 모아 둥지를 틀고 알을 낳아 새끼를 기르지. 풀도 먹고 씨와 열매도 먹고 작은 곤충도 먹어. 6월쯤 알에서 나온 새끼들도 먹을 수 있는 것은 닥치는 대로 먹어. 날개 힘을 키워야 하기 때문이지. 여름 끝자락이면 곧바로 들이닥치는 맹렬한 겨울 추위를 피해 남쪽으로 떠나야 하거든.

시베리아에서 남쪽 나라로 떠나오기 전, 우리가 모여서 힘을 비축하는 곳이 바로 낙원과 같은 바이칼 호수야. 그 청정하고 아름다운 호수에서 다양한 먹이로 배를 채워 먼 길을 떠날 연료를 마련하지. 그러고는 떼 지어 날아올라 몽골의 대평원을 지나 점점 커다란 무리를 이루어서 한반도로 와. 한국에서는 해안선을 따라 날다가 천수만에서 한동안 쉬어. 그런 뒤 더 남쪽의 따뜻한 저수지나 호수에서 겨울을 나지.

무리 지어 움직이는 우리의 춤은 먹이를 찾으러 가기 전에 펼치는 일종의 의식이라고 할 수 있어. 한데 모여 공격을 피하면서 먹이가 많은 곳으로 이동하는 거야. 논에 떨어진 벼 이삭이나 낟알은 우리가 가장 좋아하는 겨울 먹이야.

그런데 얼마 전부터 추수가 끝난 논에 커다란 하얀 덩어리들이 눈에 띄더니 점점 더 많아지는 거야. 추수가 끝난 뒤 볏짚을 커다랗게 뭉쳐 비닐 포장을 해 놓은 것들이지. 사료를 만들려고 볏짚을 발효시키는 거래. 그 탓에 논에 떨어진 낟알은 적어지고, 볏짚에 붙은 낟알도 찾기 어려워졌어. 우리의 중요한 먹이가 사라진 거야.

　그러다가 사건이 터졌어. 먹이를 찾지 못해 굶주린 몇몇 오리가 농가에서 사료를 주워 먹다가 그만 병이 났지. 조류인플루엔자 바이러스에 감염된 거지. 그 탓에 우리는 누명을 쓰고 말았어. 조류인플루엔자를 옮기는 주범이라는. 가창오리라고 하면 아름다운 군무가 떠오른다던 사람들이 이제는 조류인플루엔자가 떠오른대. 우리를 미워하는 사람도 많아.

　사람이 인플루엔자 바이러스에 옮아 유행성 감기에 걸리듯이 새들도 조류인플루엔자 바이러스에 옮아 유행성 감기에 걸려. 하지만 대륙을 건너올 정도로 건강한 철새들은 대부분 바이러스를 쉽게 이겨 내. 몸이 약한 소수만이 죽음을 맞지.

　그런데도 조류인플루엔자 바이러스가 이토록 강력해지고 전 세계에 널리 퍼진 까닭은 무엇일까? 그것은 철새 때문이 아니라, 사람들이 닭과 오리들을 농장이 아닌 공장과 같은 곳에서 기르기 때문일 거야.

　공장과 같은 양계장에서 기르는 닭은 옴짝달싹할 수 없는 좁은 공간에 갇혀 있어. 닭이 타고난 습성대로 모래 목욕을 하지도, 가지에 앉지도, 둥지를 틀지도, 날개를 펼치지도 못해. 밤낮 없이 사료를 먹어 하루가 다르게 몸집이 불어나지만 뼈는 점점 약해지지. 그래서 가만히 서 있다가 다리나 날개가 부러지기도 해. 다닥다닥 붙은 채 서로 배설물을 묻히기도 하지.

　이런 환경에서 자라는 닭과 오리는 병에 약할 수밖에 없어. 아니, 병이 날 수밖에 없는 상황이지. 그래서 아예 사료에 항생제와 같은 약을 섞어서 주기도 해. 이런 일이 언제까지 지속될 수 있을까?

앞에서 바이칼 호수 이야기를 한 것은 우리가 얼마나 깨끗한 곳에서 왔는지 알리고 싶어서였어. 우리가 온 곳은 세상에서 가장 깨끗한 호수라는 것을.

우리와 같은 철새들이 조류인플루엔자를 옮기는 주범이라면 철새의 이동 경로를 따라 병이 퍼져야 하는데, 그런 일은 일어난 적이 없어. 오히려 조류인플루엔자가 퍼진 곳에 찾아온 철새들이 병에 걸렸어. 우리가 조류인플루엔자를 퍼뜨린 주범이 아니라 희생자라는 증거지. 병에 옮아서 다른 새들에게 옮겼을 수도 있지만, 우리가 근본 원인은 아니라는 얘기야.

'어쩌면 사람들에게 필요한 것은 진실이 아니라, 책임을 돌리고 미워할 누군가가 아닐까?'

이런 생각도 들어. 나는 몇 년 동안 수천만 마리의 닭과 오리를 산 채로 매장한 사람들이 가창오리의 군무를 보면서 감탄하는 사람들과 같은 사람이라는 사실을 어떻게 받아들여야 할지 모르겠어.

어떤 사람들은 말하지. 철새가 조류인플루엔자의 주범이니 철새에게 먹이를 주면 안 된다고. 그러면 사람들은 안전할까? 제대로 먹지 못하면 우리는 시베리아로 돌아갈 수 없을 거야. 몸이 약해지면 병에 걸리기도 쉬워. 병든 몸으로 이리저리 먹이를 찾아다니면 병을 옮길 가능성도 커지겠지.

'까치밥'이라는 것이 있지? 까치 같은 새들이 먹을 수 있도록 감나무에 열린 감을 모두 따지 않고 몇 개 남겨 두는 것 말이야. 겨울철에 먹이를 구하는 새들과 작은 짐승들에게 베푸는 따뜻한 정이지. 우리 철새들에게도 따뜻한 마음으로 몇 단의 볏짚을 남겨 준다면 얼마나 고마울까? 우리가 잘 먹고 건강한 몸으로 시베리아로 돌아가는 것이 사람들에게도 좋은 일일 텐데.

나는 사람이 무리 지어 춤추는 가창오리에 감동할 줄 아는 존재라는 것을 알아. 그래서 부탁해. 여러분이 기르는 닭과 오리, 그리고 다른 동물들이 다 같은 생명체라는 것을 기억해 달라고.

모든 사람이 고기를 먹지 않는 일은 일어나지 않을 거야. 사람은 잡식 동물이니까. 먹기 위해 동물을 기르는 일은 앞으로도 계속될 테지. 하지만 그 동물들이 어떻게 자라는지 관심을 가질 수는 있을 거야. 깨끗한 농장에서 건강하게 자라나도록 말이야. 공장과 같은 곳에서 항생제와 호르몬제로 범벅이 된 사료를 먹고 자란 닭과 오리, 소, 돼지에게서 난 달걀과 우유, 고기는 사람들에게도 좋지 않을 테니까.

해마다 수백, 수천만의 목숨을 산 채로 땅에 묻는 일을 언제까지나 계속할 수는 없잖아?

## 조류인플루엔자의 주범은 누구?

조류인플루엔자(AI, avian influenza)의 조류는 새, 인플루엔자는 유행성 감기(흔히 독감이라고 함)라는 뜻이에요. 조류인플루엔자는 새들에게 감염되는 급성 바이러스 전염병을 말하는데, 주로 닭, 오리, 칠면조같이 기르는 새들에게 큰 피해를 입히지요. 병을 일으키는 바이러스의 종류에 따라 병을 일으키는 정도가 다른데, 일부 고병원성 조류인플루엔자는 사람에게도 전염될 수 있다고 해서 두려움의 대상이 되고 있어요.

우리나라에서도 조류인플루엔자의 확산으로 양계 농가가 막대한 피해를 입기도 했어요. 몇 천만의 가금류가 살처분되고, 그 과정에서 엄청난 인력이 동원되었지요. 심지어 아직 병에 걸리지도 않은 닭과 오리들을 '예방 차원'에서 생매장하기도 했지요. 조류인플루엔자의 원인을 가창오리로 꼽는 주장에 대해 UN의 관련 기관에서는 과학적 근거가 없다고 반박했어요. 조류인플루엔자는 공장식 양계장에서 발생하며 철새는 오히려 피해자라고요. 결국 대량으로 가축을 사육하는 사람에게 그 책임이 있는 것이지요.

러시아 바이칼 호

# 바다 얼음 위를 걸을 수 있도록

북극곰과 지구 온난화 이야기

흰곰, 백곰, 북극곰······.

나를 부르는 이름은 여러 가지야. 하지만 내게 가장 잘 어울리는 이름은 바다곰이야. 북극곰의 학명, 우르수스 마리티무스(Ursus maritimus)는 '바다의 곰'이라는 뜻이지. 내 발에는 바다에서 쉽게 헤엄칠 수 있도록 작은 물갈퀴가 달려 있어. 커다란 발을 노처럼 저어 헤엄쳐 다니며 바다에서 긴 시간을 지내는 나는 바다 포유류라고도 할 수 있지. 하지만 바다표범이나 바다코끼리 같은 것들과 달리 다리가 잘 발달해서 육지에서도 잘 걸어 다니고 심지어 달릴 수도 있어.

내가 다른 바다 포유류와 다른 점은 또 있어. 대부분의 바다 포유류는 털이 없어서 살갗이 매끈한데, 내 몸은 꽤 긴 털로 덮여 있거든. 하지만 이 털에는 비밀이 있어. 속이 비어 있다는 점이야. 그러니까 물속에 들어가도 무거워지지 않아. 그래서 나는 쉬지 않고 먼 거리를 헤엄칠 수 있어. 내 몸의 털에는 비밀이 하나 더 있어. 하얗게 보이지만 사실은 색깔이 없고 반투명하다는 거지.

많은 사람이 우리를 좋아해. 깨끗한 하얀 털에 검은 코가 귀엽다나? 하지만 귀여운 북극곰 이미지는 사람들의 상상일 뿐이야. 우리는 사실 많은 동물이 두려움에 벌벌 떠는 육식 동물이거든. 귀여운 흰곰 이미지에 사로잡힌 사람들은 우리가 바다표범을 잡아먹는 모습을 보면 큰 충격을 받아. 하지만 그것이 우리가 사는 방식이야. <u>북극해의 최상위 포식자가 우리의 생태적 지위인 셈이지.</u>

지구 상에 사람의 수가 늘어나고 사람의 영향력이 커지면서 대부분의 육식 동물은 원래 자기가 살던 곳에서 쫓겨났어. 사람들은 다양한 육식 동물이 마음껏 사냥을 하며 살던 수많은 들판과 숲을 빼앗았어. 쫓겨난 육식 동물들은 멸종하거나, 극소수가 오지에 숨어 살거나, 동물원에서 사람들의 보호를 받으며 사는 신세가 되었지.

하지만 우리 종족은 사람들과 사는 곳이 겹치지 않아. 차디찬 북극해에서 살고 싶은 사람은 없을 테니까. 그래서 우리는 몸집이 큰 육식 동물로는 거의 유일하게 원래 살던 곳에서 야생의 생활 방식을 그대로 유지하며 살아왔어. 이 상황은 사람의 영향력이 커진 이후에도 오래 지속되었지.

사람들이 우리 종족을 그대로 내버려 둔 데에는 다른 이유도 있을 거야. 우리는 사람의 것을 탐내거나 공격하지 않았어. 얼어붙은 북극해에서 가끔 바다표범을 사냥하고 그렇게 얻은 에너지를 아껴서 사용했지.

우리가 얼마나 에너지를 효율적으로 사용하는가는 피부색을 보면 알 수 있어. 사람들은 우리를 흰곰이라고 하지만, 사실 우린 검은 곰이야. 우리 얼굴을 가까이서 들여다보면 짧은 털 밑에 숨어 있는 검은 피부를 눈치챌 수 있을 거야. 우리는 검은 피부로 빛을 흡수해서 에너지를 절약하지. 그 검은 피부를 빽빽하게 덮고 있는 짧은 털과 방수가 잘 되는 긴 털은 이중으로 몸을 덮어서 체온을 유지해 줘.

하지만 털과 피부색만으로 영하 수십 도의 추위와 눈보라를 견뎌 낼 수는 없어. 우리에겐 또 다른 에너지 절약 방법이 있어. 그건 아주 두꺼운 피하 지방층이야. 10센티미터에 이르는 두꺼운 지방층이 몸을 감싸서 따뜻하게 지켜 주거든.

생김새도 에너지 절약에 유리하게 되어 있어. 우리는 다른 곰들보다 귀와 꼬리가 작아. 이렇게 밖으로 튀어나온 부분이 작으면 몸의 열을 덜 빼앗기지. 추운 곳에 사는 북극여우는 귀가 작은데 더운 곳에 사는 사막여우는 귀가 큰 것도 같은 이유야.

우리의 에너지 절약 방법은 한 가지가 더 있어. 우리는 다른 어떤 곰보다도 몸집이 커. 몸집이 크면 클수록 몸의 부피에 비해 표면적이 작아지지. 동물들은 몸의 표면을 통해서 밖으로 열을 내보내는데, 몸의 부피에 비해 표면적이 작은 만큼 열을 덜 빼앗기는 거야.*

우리가 고리무늬물범이나 하프물범 같은 바다표범을 사냥하는 방법은 크게 세 가지가 있어.

첫 번째 방법은 바다표범의 숨구멍 근처에 숨어서 기다리는 거야. 우리는 후각이 예민해서 바다표범이 물속에서 먹이를 찾다가 숨을 쉴 때 나오는 숨구멍 냄새를 잘 맡을 수 있거든. 이때 중요한 건 끈기야. 한참 동안 기다리다가 바다표범이 고개를 내미는 순간 앞발로 끌어 올려서 머리를 물면 성공이지. 예전에는 이런 방법으로 바다표범을 쉽게 사냥할 수 있었어.

두 번째는 얼음 위에서 쉬고 있는 바다표범 뒤로 살금살금 다가가서 달려드는 방법이고, 세 번째는 어미 바다표범이 눈 속에 마련한 집을 습격하는 방법이야.

사람들과 우리 북극곰은 서로 멀찍이 떨어져 살면서 평화로운 관계를 유지할 수 있었어. 그런데 얼마 전부터 상황이 변했어. 에너지를 절약하고 효율적으로 사용하는 우리의 삶이 에너지를 낭비하는 사람들로 인해 파괴되기 시작한 거야.

---

* 정온 동물의 경우, 추운 곳에 사는 동물이 따뜻한 곳에 사는 동물보다 귀, 코, 꼬리, 다리 같은 몸의 말단 부위가 작은데, 이를 '앨런의 법칙'이라 합니다. 대신 추운 곳에서 사는 동물은 몸집이 큰데, 이를 '베르크만의 법칙'이라고 합니다.

언제부터인지 북극해와 그 근처의 육지와 섬들을 두껍게 덮고 있던 얼음이 녹아서 사라지기 시작했어. 그리고 몇 십 년 동안 모든 게 달라졌어. 사냥을 할 수 있는 장소가 줄어들고, 사냥할 수 있는 기간도 짧아진 거야. 이제 우리는 우리 조상보다 살이 빠지고 몸이 약해졌어. 조상들보다 새끼도 더 적게 낳아.

사냥할 수 있는 기간이 점점 짧아지면 우리는 사람들과 갈등을 빚을 수밖에 없을 거야. 몇몇 지방에서는 벌써 충돌이 벌어지고 있어. 북극곰들이 마을을 돌아다니면서 사람들이 버린 쓰레기 더미를 뒤지고 가축용 사료를 뒤지는 일이 일어났지. 어떤 나라에서는 북극곰 사냥을 허가했어. 또 어떤 나라에서는 북극곰 감시 프로그램을 만들었어. 마을에 자주 나타나는 북극곰들을 시설에서 보호하다가 얼음이 얼면 내보내는 프로그램이야. 사람도 보호하고 북극곰도 보호하려는 거야.

앞으로 우리는 어떻게 될까? 사냥할 수 있는 기간이 점점 줄어든다면 우리는 결국 다른 육식 동물과 같은 길을 걷겠지. 멸종하거나 극소수만이 오지에 살아남거나, 아니면 사람의 보호 속에서 국립공원 같은 곳에서만 살게 될 거야.

지난 수십억 년 동안 지구의 기후는 몇 번이나 따뜻해지다가 추워지기를 되풀이했어. 이런 기후 변화는 아주 천천히 일어났지. 그런데 최근 100년 사이에 지구 표면의 온도가 전에 없는 빠르기로 상승했어. 이런 일을 가리켜 '지구 온난화'라고 해.

지구를 덮고 있는 대기는 질소와 산소가 대부분이고, 적은 양의 이산화탄소와 수증기, 메테인으로 이루어져 있어. 이 적은 양의 기체가 우리 지구를 따뜻하게 감싸 주는 온실가스야. 온실가스가 없다면 지구는 너무 추울 거야. 문제는 온실가스의 양이 급증해서 지구 온난화를 일으켰다는 거야.

온실가스 발생의 가장 큰 원인은 석유, 석탄과 같은 화석 연료야. 사람들이 사용하는 에너지는 대부분 화석 연료를 태워서 얻어. 이때 이산화탄소가 발생하지. 그래서 공장과 가정, 상점, 도로에서 사용하는 거의 모든 에너지가 공기 중의 이산화탄소를 증가시키는 거야. 사람들이 대량으로 기르는 소들이 내뿜거나 음식물이 썩을 때 나오는 메테인도 중요한 온실가스야. 사람들이 에너지를 낭비하면 지구 온난화는 심해질 수밖에 없어.

어떤 사람들은 생각할 거야.

'지구 표면의 온도가 몇 도 오르는 게 무슨 대수야? 지구가 더워지면 북극 지방이나 북극 대륙에 가서 살면 되지. 북극곰한테는 조금 미안하지만……'

그런데 문제는 그렇게 단순하지가 않아. 지구 온난화는 기상 이변을 일으켜 엄청난 재난을 가져올 수 있어. 그리고 식물이 자라지 못하는 사막이 점점 증가할 거야. 육지를 덮고 있던 빙하가 녹으면 해수면이 상승해서 바닷가 땅이 물에 잠길 거야. 극지방의 얼음이 줄어들면 태양빛을 더 많이 흡수해서 온난화가 더 빠르게 일어나지. 기후가 따뜻해지면 얼어붙은 땅 속에 갇혀 있던 메테인이 더 많이 방출되어 온난화는 점점 더 빠르게 진행될 거야.

 지구 온난화는 지구 상의 모든 땅과 바다에서 똑같은 정도로 온도가 오른다는 뜻이 아니야. 기후 변동이 일어나면 어떤 곳은 아주 많이 더워지고, 어떤 곳은 조금 더워지고, 어떤 곳은 오히려 더 추워질 수도 있어. 그 결과 생태계가 파괴되면 사람의 안전도 보장할 수 없어. 지역에 따라 물 부족과 식량난이 발생할 수도 있지.

 사람들은 자연의 힘이 얼마나 큰지 잘 모르는 것 같아. 자연의 변화는 아주 작은 것도 심각한 결과를 낳을 수 있는데 말이야. 자연을 원래대로 되돌리는 데에는 엄청나게 긴 시간이 필요할 거야.

 우리 북극곰들은 바다 얼음 위를 걷고 싶어. 사람들이 에너지를 아껴 쓴다면 우리는 좀 더 오래 얼음 위를 걸을 수 있을 거야.

## 지구 온난화를 둘러싼 주장들

과학자들 중에는 지구 온난화가 태양의 흑점이나 주기적인 변화 때문이라고 주장하는 사람들도 있어요. 사람들의 산업 활동이 미치는 영향은 그렇게 크지 않다는 것이지요. 일부 사람들은 지구 온난화의 책임이 사람에게 있다는 주장은 과장된 것이라거나, 심지어 지구 온난화는 실제로 존재하지 않는다고까지 말하기도 해요. 주로 온난화에 큰 책임이 있는 선진국이나 석유 관련 기업들이 이러한 태도를 보여요.

현재로서는 지구 온난화가 온실가스 때문이라는 것을 100% 확실하게 밝힐 수는 없어요. 하지만 대부분의 과학자는 대기 중의 이산화탄소 양이 매년 증가하고 있고, 그 결과 지구의 온도가 높아지고 있다는 관측 결과에 의견을 같이하고 있어요. 또 숲의 파괴와 화석 연료의 사용으로 사막이 확대되고 미세먼지 등으로 인한 대기 오염이 늘어나는 것은 분명한 사실이에요. 에너지를 아껴서 화석 연료를 덜 사용하고 지구 생태계를 지키기 위한 노력이 널리 퍼져야만 해요.

북극해

# 모두를 위협하는 제8의 대륙

대모와 해양 오염 이야기

지구 상에는 수백 종의 거북이 살고 있어. 하지만 바다에 사는 거북은 일곱 종뿐이야. 그중에 바다거북, 붉은바다거북, 올리브바다거북, 장수거북이 유명해. 그리고 대모가 있어. 매부리바다거북, 대모거북이라는 이름으로도 불리지.

바다에 사는 거북은 몇 가지 공통점이 있어. 등딱지가 유선형으로 납작하다는 것, 그리고 다리가 넓은 지느러미처럼 변해서 드넓은 바닷속을 마음껏 휘젓고 다닐 수 있다는 거야. 하지만 우리 대모는 특이한 생김새 덕분에 누구나 쉽게 알아볼 수 있어. 입이 매의 부리처럼 뽀족하게 튀어나와 있고, 등딱지 가장자리가 톱니 모양으로 되어 있거든.

거북은 모두 느림보라고? 천만에! 바다에 사는 거북들은 전혀 느리지 않아. 모두가 훌륭한 수영 선수들이지. 물론 육지에서 조금 느린 편이라는 것은 인정해. 그런데 바닷가 모래밭에서 알껍데기를 깨고 바다로 나온 다음, 육지에 오르는 것은 암컷들뿐이야. 그것도 알을 낳을 때뿐이지.

우리의 중요한 천적은 상어, 그리고 사람이야. 사람들은 우리를 마구잡이로 죽여서 아름다운 등딱지로 다양한 장신구와 공예품을 만들곤 했어. 지금은 우리가 심각한 멸종 위기 종으로 분류되어 있어서 우리를 죽이거나 사고파는 것이 불법이지만, 기회만 있으면 우리를 붙잡으려고 하는 사람들이 있어. 무서운 사람들이지. 그런데 요즘 바다에 사는 거북들에게는 무서운 것이 하나 더 생겼어. 조금 복잡한 이야기야.

지구 상에 몇 개의 대륙이 있는지 알고 있니? 그래, 모두 일곱 대륙이야. 아시아, 유럽, 아프리카, 남아메리카, 북아메리카, 오스트레일리아, 그리고 남극 대륙이지. 그런데 얼마 전부터 '제8의 대륙'에 관해 이야기하는 사람들이 생겼어. 좀 과장된 이야기지만, 여덟 번째 대륙이란 태평양을 떠돌아다니는 거대한 쓰레기 구역을 가리키는 말이야.

1997년 어느 날, 찰스 무어라는 미국 사람이 요트 대회에 참가한 뒤 자기 배를 타고 집으로 돌아가는 중이었어. 그는 북태평양 한가운데, 바람은 고요하고 파도는 잔잔한 구역을 지나고 있었지. 그때 아름다운 바다에서 찰스 무어의 눈길을 잡아끄는 것이 있었어. 자세히 살펴보니 많은 양의 플라스틱과 비닐 조각이었어.

'바다에 이렇게 많은 쓰레기가 모여 있다니!'

찰스 무어는 깜짝 놀랐어. '태평양의 거대한 쓰레기 구역'은 그렇게 발견되었어. 세상에서 가장 커다란 쓰레기 하치장이라고 할 수 있는 곳이지. 찰스 무어가 발견한 태평양의 거대한 쓰레기 구역은 지금도 여전히 태평양을 떠돌면서 점점 더 커지고 있어.

그 모든 쓰레기는 어디에서 왔을까? 쓰레기가 땅에 버려졌다가 개천과 강물을 타고 바다로 들어온 것이 가장 많을 거야. 태평양으로 흘러드는 모든 강이 바다로 쓰레기를 실어 나르는 거지. 나머지는 배에서 버린 쓰레기일 거야. 고기잡이를 위한 그물이나 밧줄도 바다에 버려지고 있지.

플라스틱이나 비닐처럼 물에 뜨는 쓰레기는 해류와 바람을 타고 넓은 바다를 이리저리 떠돌아다니기 시작해. 그렇게 태평양을 휘감아 도는 바닷물의 흐름을 따라 떠다니다가 고요한 바다에 모이는 거야.

쓰레기 섬, 여덟 번째 대륙, 거대한 쓰레기 구역이라는 말에 엄청난 양의 쓰레기가 두껍게 쌓여 있는 모습을 상상했을지도 몰라. 하지만 아직 인공위성에 잡힐 정도로 많은 쓰레기가 쌓여 있는 건 아니야. 여러 가지 플라스틱 그릇과 병, 비닐 포장지, 고기잡이 그물 같은 것들이 햇빛에 분해되어 작은 부스러기로 변하면서 바다 표면에 떠 있을 뿐이지. 문제는, 다양한 바다 생물들이 그것이 먹이인 줄 알고 삼킨다는 거야.

바다 한가운데 떠 있는 쓰레기 구역만이 문제가 아니야. 지금 세계 곳곳의 바닷가는 많은 쓰레기로 몸살을 앓고 있어. 죽은 바닷새의 몸속에서 플라스틱 쓰레기가 발견되는 것은 이제 놀라울 것도 없는 일이 되어 버렸지.

우리 대모들은 잡식성이야. 따뜻한 산호초를 누비고 다니면서 구멍이 송송 뚫린 해면동물과 해조류를 뜯어 먹지. 해파리도 우리가 좋아하는 먹잇감이야.

하지만 바다에 점점 늘어나는 쓰레기, 특히 비닐이나 플라스틱 때문에 정말 골치가 아파. 비닐봉지를 먹잇감으로 착각하고 달려들었다가 숨이 막혀서 죽는 경우도 있어. 플라스틱 고리 같은 데 주둥이가 끼어서 위험에 처하기도 해. 플라스틱을 너무 많이 삼키는 바람에 다른 먹이를 먹지 못해서 죽을 수도 있지.

우리 친구인 장수거북은 비닐봉지가 가장 큰 문제야. 장수거북의 주식은 해파리인데, 비닐봉지가 해파리처럼 보이기 때문이야. 다 자란 장수거북의 3분의 1은 뱃속에 비닐봉지가 들어 있을 정도야. 사람들이 비닐봉지를 너무 많이 사용하기 때문이지. 요즘 바닷물 온도가 올라가서 해파리가 많아졌다고 어민들도, 해수욕객들도 걱정이 많지? 바다에 장수거북이 많아지면 해파리 문제는 저절로 해결될 텐데.

우리가 플라스틱에 불만을 털어놓는 것은 사실 모순된 일이야. 한때 우리 대모에게 플라스틱은 구세주와도 같았거든.

 옛날 사람들은 대모의 등딱지로 귀고리, 목걸이, 반지, 귀이개, 머리핀, 빗, 단추, 보석함, 안경테 같은 것들을 만들었어. 그 모든 것을 위해서 수많은 대모가 목숨을 바쳐야 했지. 하지만 값싸고 가공하기 쉬운 플라스틱이 등장하자 사람들은 플라스틱으로 그 물건들을 만들기 시작했어. 그 결과 많은 대모가 목숨을 건질 수 있었지.

 '과거에 우리의 목숨을 구해 준 플라스틱이 오늘날 우리를 위협하고 있다니!'

 정말 알다가도 모를 일이야.

 사람들이 비닐이나 플라스틱 없이 살 수 있을까? 아마 불가능할 거야. 거의 모든 사람이 눈을 뜨고 잠들 때까지 플라스틱과 함께 시작해서 플라스틱과 함께 끝나는 하루를 보내고 있으니까 말이야. 칫솔, 치약 튜브, 변기 커버, 비눗갑, 머리빗, 의자, 그리고 스마트폰, 컴퓨터 케이스, 냉장고, 볼펜, 안경테, 시계, 빵 봉지, 물병, 그리고 신용카드까지……

사람들은 플라스틱 덕분에 더 깨끗하고 더 편리하고 더 밝은 세상을 살고 있다고 믿는 것 같아. 플라스틱은 쓰임새가 무한한 발명품이지. 100년 전만 해도 아무도 사용하지 않던 플라스틱이 이제 모든 사람의 생활을 지배하고 있어. 사람들은 값싸고 편리한 플라스틱을 계속해서 만들어 내고 있어. 그 처리에 대해서는 관심도 두지 않은 채.

하지만 이제는 생각해 봐야 해.

'썩지도 않는 그 많은 플라스틱은 어디로 가는 걸까?'

계속 이렇게 많은 비닐과 플라스틱을 사용한다면, 지금은 비록 인공위성에 잡히지 않지만, '태평양의 거대한 쓰레기 구역'이 정말로 언젠가는 제8의 대륙, 또는 거대한 섬이 될지도 몰라.

유리와 종이, 캔 등 모든 쓰레기가 문제가 되지만, 비닐이나 플라스틱 제품은 특히 문제가 돼. 비닐이나 플라스틱에는 동물의 몸속에 들어가 마치 호르몬과 같은 작용을 해서 몸에 변화를 일으키는 물질이 포함되어 있기 때문이야.* 동물이 제대로 자라지 못하게 하거나 생식에 문제를 일으키는 거야.

생각해 봐. '태평양의 거대한 쓰레기 구역'이 점점 커지고, 거기에서 나온 물질을 플랑크톤과 같은 바다의 작은 생물들이 흡수하고, 그 물질이 작은 물고기에게 전달되고, 다시 큰 물고기에게 전달된다면. 그리고 사람이 그

* 이런 물질을 가리켜 환경 호르몬이라고 합니다.

것을 먹는다면? 쓰레기 문제가 비단 우리 바다거북이나 새들만의 문제가 아니라는 것을 알 수 있을 거야.

　태평양의 쓰레기 더미를 제거하는 데에는 큰 비용이 들 거야. 선뜻 쓰레기 문제를 처리하겠다고 나서는 나라도 없어. 그런데도 사람들은 끊임없이 물건들을 만들어 내고 사용하고 버리고 또 버리고 있어. 심지어 분리수거조차 제대로 안 하는 사람들이 있지.

## 바다가 사막이 된다고?

대모는 산호초에서 먹이를 찾아요. 그런데 최근 들어 지구 온난화로 인해 바닷물 온도가 높아지면서 산호가 죽어서 하얀색으로 변하는 현상이 여러 해역에서 일어나고 있어요. 이렇게 산호초가 사막처럼 변하는 일을 '백화 현상'이라고 해요. 백화 현상은 밀렵, 쓰레기 문제와 더불어 대모를 괴롭히는 일이에요. 산호초 전문가들은 지구 평균 온도가 섭씨 2도만 상승해도 바닷속 산호초가 대부분 사라질 것이라고 내다봤어요.

'바다의 열대 우림'이라고 불리는 산호초는 지구 바다 면적의 0.1%를 차지할 뿐이지만, 다양한 바다 생물들이 기대어 사는 보금자리이기 때문에 매우 중요해요. 산호초가 파괴되면 소중한 바다 생물들을 잃을 뿐만 아니라, 생태계에도 심각한 문제를 일으킬 수 있어요.

태평양 따뜻한 바다

# 우리 똥으로 나무를 덜 벨 수 있다면

코끼리와 종이 이야기

코가 아주 긴 동물이 무엇이냐고 물으면 대부분의 사람이 코끼리라고 대답할 거야. 그러면 윗입술이 아주 긴 동물은 무엇일까?

이번에도 답은 코끼리야. 코가 길어 코끼리라고 하지만, 사실 우리의 기다란 코는 코와 윗입술이 합쳐진 거야.

사람의 코처럼 우리 코끼리의 코에도 숨을 쉬고 냄새를 맡기 위한 구멍이 두 개 있어. 하지만 자유자재로 움직이는 이 길고 주름진 코는 다른 동물의 코에 비해 훨씬 더 많은 일을 하지.

우리 코는 힘이 세. 코로 나무를 뿌리째 뽑거나 묵직한 통나무를 들어 올릴 수 있지. 우리 코는 섬세하기도 해. 코 끝부분에 혹처럼 튀어나온 부분을 손가락처럼 움직여서 산딸기처럼 작은 열매를 따거나 땅콩 한 알을 집어 올릴 수도 있어. 후각도 예민해서 바람만 잘 불어 주면 몇 킬로미터 떨어진 곳에서 풍기는 냄새를 맡을 수 있어.

우리는 긴 코에 한가득 물을 빨아들인 다음 쏴아 하고 뿜어서 물을 마시거나 샤워를 하기도 해. 기다란 코로 새끼를 껴안아 주기도 하고, 코와 코를 걸어 감아서 인사를 나누기도 해. 깊은 물속에서 목욕을 할 때면 긴 코를 스노클처럼 쳐들고 잠수할 수도 있어. 코를 확성기처럼 이용해서 멀리 소리를 전달하기도 하지.

우리를 만나 본 사람들은 이런 특이한 생김새와 높은 지능에도 흥미를 느끼지만, 걸을 때마다 땅이 쿵쿵 울릴 정도로 커다란 몸집에 가장 크게 마음을 빼앗겨. 고대 인도인들은 커다란 코끼리 넷이 반구형 지구를 떠받치고 있다고 생각했을 정도니까.

내 소개는 이 정도로 끝내고, 이제부터 똥 이야기를 시작할 거야. 똥이라고 하면 냄새부터 떠올릴 수도 있지만, 우리 코끼리 똥은 심한 냄새가 나지 않아. 똥에서 나쁜 냄새가 나는 경우는 병이 들었을 때뿐이지.

어린 코끼리들은 가끔 어른 코끼리의 똥을 먹기도 해. 아기 코끼리의 소화관에는 식물성 섬유질의 소화를 돕는 미생물이 없거든. 아기들은 어른 코끼리의 똥과 함께 그 미생물을 섭취해. 사람들이 요구르트를 먹어서 유산균을 섭취하는 것과 같은 일이야. 물론 아기 코끼리가 코끼리 똥으로 배를 채우는 건 아니야. 사람들이 요구르트로 배를 채우지 않듯이.

드넓은 자연의 품에서 우리 똥은 아무 문제도 일으키지 않아. 우리는 먹이를 찾아 이리저리 이동하면서 틈틈이 똥을 내보내고, 다양한 분해자들은 그 똥을 흙으로 돌려보내서 식물이 잘 자라도록 해 주지. 똥은 수많은 생명을 이어 주는 연결 고리야.

하지만 우리를 길들여 기르는 사람들에게는 똥이 커다란 골칫거리가 되었어. 우리는 하루에 200킬로그램이 넘는 식물을 먹고 50킬로그램의 똥을 누어. 코끼리 열 마리를 기르는 사람은 하루에 500킬로그램의 똥을 치워야 한다는 계산이 나오지.

문제가 있으면 해결책을 찾아내는 사람들이 있지. 몇몇 나라에서는 치우고 또 치워도 산더미처럼 쌓이는 코끼리 똥 문제를 해결할 방법을 찾았어. 코끼리 똥에 많이 들어 있는 물질을 이용하기로 한 거야. 우리 똥에는 미생물만 들어 있는 게 아니거든.

우리는 소화하는 능력이 그리 좋지 않아. 우리 입으로 들어간 식물성 먹이 가운데 많은 부분이 완전히 소화되지 않고 위와 장을 통과해서 밖으로 나오지. 그 대부분은 식물성 섬유질이야. 식물성 섬유질로는 종이를 만들 수 있지.

종이는 약 2,000년 전 중국에서 발명되었어. 고대 중국인들은 나무껍질,

 베옷, 고기잡이 그물 같은 것들을 잘게 빻아서 펄프를 만든 다음 얇게 펴 말리는 방법으로 종이를 만들기 시작했어. 별로 복잡하지 않은 방법이지. 코끼리 똥으로 종이를 만들면 섬유질을 추출하는 단계를 우리의 소화관에서 끝낼 수 있으니 일이 한결 쉬워져.

 타이의 코끼리 보호 센터에서는 몇 단계 과정을 거쳐 종이를 만들어. 가

장 먼저 할 일은 코끼리 똥을 모으는 거야. 두 번째 단계에서는 똥을 물로 씻어서 건더기를 건진 다음 다섯 시간 동안 끓이지. 오랫동안 끓여서 섬유질을 부드럽게 만드는 거야.

그다음에는 세 시간 동안 섬유질을 휘저어 더 잘게 부서지도록 해서 원하는 색깔로 염색을 해. 그러면 섬유질이 죽과 같은 상태로 변하지. 다음 단계는 걸쭉한 섬유질 덩어리를 같은 크기로 나누는 거야. 일정한 두께의 종이를 만들기 위해서야.

마지막 단계는 섬유질 덩어리를 물과 함께 구멍이 작은 넓은 체(뜸틀이라고도 해)에 걸러 내어 햇볕에 널어 말리는 거야. 그리고 거칠거칠한 표면을 다듬어 알맞은 크기로 자르면 질 좋은 코끼리 똥 종이가 완성되지.

방법은 조금 다르지만 스리랑카의 사회적 기업 막시무스*에서도 코끼리 보호소에서 가져온 똥으로 종이를 만들고 있어. 코끼리 혼자서 하루 동안 눈 똥으로 100장이 넘는 종이를 만들 수 있어.

우리 코끼리들이 건강하게 살아가려면 넓은 땅이 필요해. 하지만 이제 그런 땅은 거의 남아 있지 않아. 아시아와 아프리카 대륙에서 우리가 조상 대대로 살아온 땅은 대부분 사람들 차지가 되었거든. 타이와 스리랑카에서 코끼리 똥 종이를 팔아 코끼리 보호 기금을 마련하는 것은 사람과 코끼리가 함께 살 방법을 찾기 위한 마지막 몸부림인지도 몰라.

코끼리 똥 종이는 만들고 사용하는 과정에서 환경에 피해를 입히지 않아. 사람들이 사용하는 하얀 종이도 그럴까?

사람들이 평소 사용하는 종이는 나무로 만들어. 코끼리 똥으로 종이를 만들 때처럼 나무를 잘게 부수고 끓여 죽과 같은 펄프를 만들고, 그것을 체에 받쳐 얇게 펴 말리면 종이가 되는 거야. 예전에는 모두 이런 방식을 이

---

* 아시아코끼리의 학명은 엘레파스 막시무스(Elephas maximus)입니다.

용했어.

요즘 공장에서는 이런 방식을 이용하지 않아. 시간과 사람의 손이 너무 많이 필요하거든. 그래서 끓이는 대신 화학 약품을 사용해서 펄프를 만들고, 체 대신 커다란 기계를 이용해서 긴 두루마리를 뽑아내지.

그런데 이런 종이를 만들기 위해서는 아름드리나무를 베어 내야 해. 나무가 없어지면 숲도 사라져. 지금도 열대 아시아에서는 펄프 생산을 위해 거대한 숲이 사라지고 있어. 숲이 사라지면 그곳에 기대어 살고 있던 수많은 동식물, 미생물의 삶터가 사라지지.

종이를 만드는 과정에서도 환경오염이 일어나. 숲에서 나무를 베어 공장까지 실어 가는 데에는 많은 에너지가 필요하고 공장을 가동하는 데에도 마찬가지야. 펄프를 만들기 위해서는 아주 많은 양의 물이 필요해. 사람들은 새하얀 종이를 좋아해서 표백제를 사용하고, 종이를 반들반들하게 만들려고 코팅을 하기도 해. 이 모든 화학 물질은 환경오염을 일으켜.

우리 코끼리들에게 선택권이 있다면 주저 없이 종이를 포기하고 숲을 지키는 쪽을 택할 거야. 사람도 언젠가는 종이를 포기할 수 있을까?

우리는 종이가 아주 오래된 발명품이라는 걸 알아. 종이가 발명되면서, 사람들은 거북의 등딱지, 동물 뼈, 대쪽, 비단 천에 글씨를 새길 때보다 훨씬 더 편리하게 기록을 남기고 확인할 수 있었지. 사람들은 너무 오래 종이에 익숙해 있었어. 때로는 반질반질하고 때로는 거칠거칠한 종이의 촉감을 좋아하는 사람도 많고 종이 냄새를 좋아하는 사람도 많아. 종이를 넘길 때의 느낌을 좋아하는 사람도 많지. 언제까지일지 모르지만, 사람들은 앞으로도 오랫동안 종이를 사용할 거야.

그렇다고 종이를 얻는 대신 숲을 포기할 수도 없어. 숲이 사라진다는 것은 결국 사람들의 삶에도 커다란 변화를, 아주 위험한 변화를 불러올 테니까.

사람들이 가장 쉽게 할 수 있는 일은 종이를 덜 쓰는 거야. 나무 심기보다 훨씬 더 쉽게 숲을 지키는 방법이지. 종이를 재활용하는 것도 좋은 방법이야. 질 좋은 하얀 종이는 여러 번 재활용할 수 있대. 재생 종이를 사용하는 것도 좋은 방법이지. 코끼리까지 돌아볼 여유가 없다면 자기 자신을 위해서라도 사람들은 숲을 지켜 내야만 해.

## 사라지는 코끼리 엄니

　코끼리 밀렵꾼들이 노리는 것은 코끼리의 아름다운 엄니, 상아예요. 상아는 장신구에 쓰이는 귀한 소재이지요. 상아로 만든 장신구들은 무척 예쁘지만, 그 예쁜 장신구가 만들어지는 과정은 끔찍할 정도로 잔인해요. 엄니만 뽑기 위해 코끼리를 죽이는 사람과 상아 장신구에 감탄하는 사람이 다르다고 말할 수 있을까요? 지난 몇 년 동안 10만 마리도 넘는 아프리카 코끼리가 밀렵으로 희생되었어요. 코끼리는 사람들에 떠밀려 서식지에서 쫓겨나고 상아를 구하려는 사람들에게 사냥을 당하면서 멸종 위기에 놓여 있어요.

　과학자들의 연구에 따르면 살아남은 코끼리 중에도 짧은 엄니를 가진 것과 아예 엄니가 없는 것이 점점 많아지고 있대요. 밀렵꾼들이 커다란 엄니를 지닌 코끼리만 잡아서 죽이는 바람에 커다란 엄니가 다음 세대에 유전되지 못하기 때문이랍니다. 이런 일이 계속된다면 언젠가 코끼리 엄니는 옛날이야기에나 등장하게 될지도 몰라요.

# 상상력이 필요해

고양이와
원자력 발전소 이야기

꽃가루와 같이 부드러운 고양이의 털에
고운 봄의 향기가 어리우도다.

금방울과 같이 호동그란 고양이의 눈에
미친 봄의 불길이 흐르도다.

고요히 다물은 고양이의 입술에
포근한 봄 졸음이 떠돌아라.

날카롭게 쭉 뻗은 고양이의 수염에
푸른 봄의 생기가 뛰놀아라.

100년 전쯤 한국의 한 시인\*이 지은 〈봄은 고양이로다〉라는 시야. 고운 털, 미친 눈, 포근한 입술, 푸른 수염, 봄은 고양이라……. 한번 들으면 잊기 어려울 만큼 우리 종족을 잘 표현했지.

비슷한 시대에 일본의 한 작가\*는 〈나는 고양이로소이다〉라며 우리 종족의 눈으로 사람을 관찰한 소설을 썼어. '우리는 네 다리로 가볍지만 야무지게 땅을 딛고 움직이는데, 사람들은 두 앞발을 하릴없이 늘어뜨리고 있으니 얼마나 사치스러운가' 하는 이야기가 거기 나와. 책을 읽은 사람들은 작가의 상상력에 감탄했어. 자기들만이 세상의 중심이라고 생각했는데, 달리 생각할 수도 있다고 느낀 것 같아.

소개가 늦었지? 난 일본 후쿠시마 현의 한 바닷가 마을에서 태어났어. 그리고 얼마 전까지만 해도 그곳에서 살고 있었지. 우리 주인아저씨도 나처럼 그 마을에서 태어나 줄곧 거기서 살았대. 아저씨는 집에서 가까운 원자력

---

\* 한국의 시인은 이장희, 일본의 작가는 나쓰메 소세키입니다.

발전소에서 보수 공사 일을 하다가 그 일을 그만두고 새 일을 찾고 있었어.

그해 3월은 유난히 날씨가 쌀쌀해서 사람들은 몸을 웅숭그리고 다녔어. 나야 늘 우아한 자태를 유지했지만 말이야. 따스한 털가죽이 포근히 몸을 감싸고, 아저씨와 아줌마, 두 딸은 서로 경쟁이라도 하듯 먹을 것을 챙겨 주었어. 난 콧대 높은 고양이로, 발톱에 피를 묻히며 쥐 사냥을 할 필요도 없었어. 겁을 주어 쫓아 버리기만 해도 주인집 식구들은 돌아가며 칭찬을 해 주었지.

고양이처럼 살금살금 다가오는 봄을 기다리던 어느 날, 갑자기 이상한 기분이 들었어. 왠지 불안했어. 커다란 위험이 다가오는 게 느껴졌지. 뭐든 해야 하는데, 뭘 해야 할지 알 수가 없었어. 난 집 안을 이리저리 돌아다니면서 야옹거렸어. 주인집 식구들은 내가 아픈 줄 알고 물을 주고 따스하게 감싸 주었어. 하지만 잠은 오지 않고 밖으로 뛰쳐나가고 싶은 마음뿐이었지.

갑자기 집이 흔들리기 시작했어. 그 진동은 대지 깊숙한 곳에서 찾아오는 것 같았어. 한참 동안 온 세상이 흔들렸지. 벽과 문이 흔들리고 탁자와

선반 위에 있던 것들이 쏟아져 내리고 벽에 붙여 놓은 장이 넘어졌어. 난 밖으로 뛰쳐나가 산으로 올라갔어. 아무 생각도 나지 않았어.

**무슨 일이 있었던 걸까?** 정신을 차려 보니 나 혼자였어. 주인아저씨와 아줌마, 딸들이 보이지 않았어. 조심스럽게 식구들을 불러 보았지만, 아무도 대답하지 않았어. 우는 것 말고는 할 수 있는 게 없어서 울고 또 울었어. 한참 후에는 기운이 없어서 울음도 나오지 않았어.

동네를 돌아다녀 보니 집집마다 텅 비어 있었어. 길에서 고양이를 만났지만 서로 모른 체하며 지나쳤어. 어떤 집에는 개가 묶여 있었어. 오싹한 기분이 들어서 집으로 돌아갔어. 먹을 것이 많지 않았어. 난 깨달았어. 인간의 보살핌에 너무 익숙해져 있었다는 것을.

'나도 쥐 사냥을 할 수 있을까?'

선택은 없었어. 사냥하지 않으면 살아남을 수 없었지. 다행히 내게는 체력과 용기, 판단력이 있었어. 그리고 조상 대대로 물려받은 사냥 본능이 남아 있었어. 난 살아남았어. 하지만 점점 살이 빠져 뼈만 앙상한 몰골로 변해 갔어.

가끔 하얀 옷을 입거나 마스크를 쓴 낯선 사람들이 나타났어. 멀찍이 떨어져 지켜보자니 어떤 사람이 먹을 것을 놓고 가는 거야. 그 사람이 떠난 뒤, 정말 오랜만에 입에 짝짝 붙는 먹이로 배를 불릴 수 있었어. 나는 이리저리 먹을 것을 찾아다니다가도 쉬고 싶으면 꼭 내 집 내 잠자리를 찾아갔어. 그래야 마음이 편했거든.

"나비야!"

'꿈을 꾸는 걸까?'

주인아저씨가 내 눈앞에 있었어. 아저씨가 나를 보고 반가워하며 말했어. 지진이 일어난 날 밤부터 시작해서, 원자력 발전소에서 가까운 곳부터 대피하라는 명령이 내려졌대. 그래서 잠깐 피해 있으면 되는 줄 알고 떠났는데, 돌아올 수 없었다는 거야.

"네가 보이지 않아 할 수 없이 우리끼리 떠난 뒤 다들 얼마나 걱정했는지 모른다. 정말 다행이다."

다른 식구들은 멀리 아저씨 친구가 사는 마을로 피난을 갔다고 했어. 아저씨는 잠시 원자력 발전소 일을 돕기로 하고 혼자 돌아왔다는 거야. 아저씨는 나를 숙소로 데려갔어. 나는 금세 사냥의 기억을 잊고 본능을 감춘 채 다시 보살핌에 익숙해졌고, 아저씨는 내게 이런저런 이야기를 털어놓으면서 외로움을 달랬어.

"우리 원자력 발전소에서는 원자로 여섯 기에서 전기를 생산하고 있었어. 그런데 지난 번 대지진과 쓰나미 때문에 네 개 원자로에 문제가 생기고 점점 뜨거워져서 폭발한 거야. 폭발로 날아간 건물을 봤는데 너무 끔찍해서 아무 말도 할 수 없더라."

하루는 이런 말도 했어.

"저쪽 도로에 '원자력, 밝은 미래의 에너지'라는 간판이 걸려 있잖아. 예전에는 정말 그런 줄로만 알았어. 휴, 이젠 뭐가 뭔지 모르겠다. 방사능이 그렇게 무섭다는데……. 몇 십 년 전 원자력 발전소 사고가 난 나라에서는 방사능 때문에 사람들이 죽거나 병들고, 발전소가 있던 곳은 죽음의 땅이 되었다는구나."

아저씨는 힘들어 했어. 일이 힘든 것보다 마음의 괴로움이 더 큰 것 같았어. 아저씨가 믿고 있던 세상이 무너져 내린 거야. 어느 날 아저씨가 말했어.

"나비야, 결심했어. 아무래도 여길 떠나야겠다. 내 고향은 이제 돌아올 수 없는 곳이 되었구나. 이렇게 영이별이라니!"

아저씨 눈에 눈물이 맺혔어. 그렇게 우리는 고향을 떠났지.

지금까지 세 차례에 걸쳐 대형 원자력 발전소 사고가 일어났어. 미국에서 한 번, 러시아에서 한 번, 그리고 이번에 일본에서 일어난 거야. 그 결과 사람은 물론, 그곳에 사는 모든 생물에게 커다란 피해를 안겼지. 원자력 발전소 사고는 세상의 모든 사고 중에 가장 위험한 사고일 거야.

그런데 사람들은 왜 그렇게 무시무시한 것을 자꾸 만들까? 사람들이 전기를 너무 좋아해서야. 사람들은 자연과 거꾸로 된 것을 좋아하는 것 같아. 밤에는 반짝반짝 환한 것을 좋아하고, 여름에는 시원한 것을 좋아하고, 겨울에는 따뜻한 것을 좋아하니 말이야. 수많은 공장에서 자연에는 없지만 사람들이 좋아하는 물건들을 쉴 새 없이 만들어 내고 있어. 그 모든 것을 위해 전기를 사용해야 하지.

사람들이 원자력 발전소를 지은 까닭은 원자력 발전소가 값싸고 깨끗한 전기를 생산한다고 믿었기 때문이야. '밝은 미래의 에너지'라고 생각한 거지. 하지만 원자력 발전소 사고와 방사능 쓰레기 처리 비용을 생각하면 원자력 발전소에서 생산하는 전기가 오히려 가장 비쌀 수도 있어. 원자력 발전소는 안전하지도 않고 깨끗하지도 않으니까.

지구에는 원자력 발전소가 이미 많이 들어서 있어. 다행스러운 일은 미국과 유럽 여러 나라가 원자력 발전에서 손을 떼고 있다는 거야. 독일 같은 나라는 원자력 발전소를 완전히 없애기로 했지. 대신 태양광 발전이나 풍력 발전 같은 재생 가능 에너지를 많이 사용할 계획을 세웠어.

문제는 앞으로도 원자력 발전소를 많이 만들겠다고 하는 나라들이야. 한국, 중국, 인도 등이지. 특히 한국은 세계에서 다섯 번째, 일본 다음으로 원자력 발전소가 많은데, 앞으로도 더 지을 계획이래. 한국은 재생 가능 에너지를 사용하는 비율도 아주 낮아. 세계 평균인 20%의 10분의 1도 안 된다니까. 한국에서도 원자력 발전소를 줄여야 문제가 없을 텐데.

'언젠가는 무슨 수가 나겠지' 하고 처리할 방안도 없이 방사능 쓰레기를 쌓아 둔다면 앞으로 무슨 일이 일어날까? 무서운 일이야.

우리에게 필요한 건 상상력이야. 지금 이 순간 바로 여기에 얽매이지 않고, 내가 사는 곳을 뛰어넘어 먼 미래의 어떤 사람, 미래의 어떤 고양이가 겪을 일도 내 일처럼 느끼는 상상력의 힘, 바로 그게 필요해. 그 상상력은 '한 등 끄기', '콘센트 뽑기', '에어컨 줄이기', '내복 입기' 등으로 이어질 수 있겠지.

## 지속 가능한 미래를 위하여

원자력 발전소(줄여서 원전, 핵 발전소라고도 함)라고 하면, 복잡한 과학 기술을 사용할 거라고 생각하는 사람들이 많아요. 다른 발전소와 달리 특별한 첨단 장치를 사용할 거라고 추측하지요. 하지만 원자력 발전의 원리는 그리 복잡하지 않아요. 물을 끓일 때 나오는 증기로 터빈을 돌려서 전기를 생산하는 화력 발전과 같은 원리거든요. 하지만 석유, 석탄을 태우지 않고 핵연료(우라늄)가 분열할 때 나오는 열로 물을 끓인다는 점이 다르지요.

어떤 사람들은 원자력 발전으로 공기 오염을 일으키지 않고 값싼 전기를 생산할 수 있다고 좋아해요. 하지만 후쿠시마 사고에서 보듯이 원자력 발전은 단 한 번의 사고로 매우 넓은 지역을 극히 위험한 곳으로 바꿔 놓아요. 게다가 당장은 적은 비용이 들지만 사용 후 핵연료를 안전하게 보관하기 위한 비용까지 생각하면 결코 값싼 에너지라고 할 수 없지요.

원자력 발전의 위험에서 벗어나는 길은 전기 사용량을 줄이고 태양광, 풍력 등 재생 가능 에너지를 개발하는 거예요.

일본 후쿠시마